ロジャー・ハミルトン 著
宇敷珠美 監修

才能は開ける

The Millionaire Master Plan

経済的自由を
手にするための
才能を磨く
4つのステップ

フォレスト出版

監修者まえがき

「成功法則」はなぜ、矛盾するのか？

ある成功者は、次のように言いました。

「富を生み出すのに必要なのは、システムを作ることだ」

これは、Amazonの創業者ジェフ・ベゾスの言葉です。一方で、世界一の投資家と呼ばれるジョージ・ソロスは、次のように言います。

「富を生み出すのはシステムではない。あくまでも自分自身の感覚だ」

彼らだけではなく、多くの成功者が言うこと、成功法則に書かれていることは矛盾しあっています。

「クリエイティビティが大切だ」と言う人もいれば、「そうではなく人格が大事だ」と言う人もいます。
「交渉力が大事」と言う人もいれば、「交渉力などよりもコンセプトが大事だ」という人もいます。
そうして多くの人は、何が正しく、何が正しくないのかがわからなくなるのです。

どちらも間違っていません。どちらも正しいのです。

人は、生まれ持った才能を持っています。その才能によって、「得意なこと」が決まります。その才能を知れば、自分がステップアップするための戦略を手に入れることができます。

本書は、あなたがまだ知り得ていない才能に気づき、その才能に応じた方法で、経済的な自由を手にするために書かれた本です。

本書を読み進めていくと、「隠された才能がわかる診断テスト」がご紹介されています。そのテストを受けてみれば、すぐに自分の才能、タイプが分かるようになっています。

あなたのレベルによって、成功のステップは変わる

では、自分のタイプがわかればうまくいくのか、というとそうではありません。
それは、**それぞれのタイプにおいて「9つのレベル」がある**からです。成功法則の本で

結果が出にくいのは、このレベルについて言及もされていないからです。
たとえば、借金返済中で収支はギリギリ、たまに臨時収入があっても借金返済には回さず、付き合いなどでしっかりと全部使ってしまうサラリーマンと、美容師として独立して早5年、着実にお客様との間に信頼を築き、今ではスタッフを数人抱える美容院を経営するカリスマ美容師では、次にやるべきことは変わってくるでしょう。

その人が現在どのような労働状況で何をしているか、毎月の収支の状態はどうか、などの要素が違えば、当然戦略が異なってきます。
本書では、才能にフォーカスを当てた「ウェルスダイナミクス」と、レベルを表す「ウェルススペクトル」という2つの指標を使って、富への3次元マップの進み方をご紹介しています。

すべての人に才能はあります。そしてその才能にあったステップを踏みさえすれば、必ず才能は価値を生み、社会の一助となります。

社会にあなたの価値が提供されると、多くの場合その代償としてあなたはお金を与えられます。

ぜひ本当の自分の才能に向き合い、それを磨き、自分らしい稼ぎ方、自分らしい生き方を始めてみてください。

監修者　宇敷珠美

はじめに

夢をかなえるのはいつか？

1988年のクリスマス、香港。当時19歳だった私は、家族と一緒に、30年後どこにいたいか話していました。不思議なことにみんな同じイメージでした。

南の島にリゾートを持ち、自然に囲まれて家族で一緒の時間を過ごせる、そんな将来を想像していたのです。

当時、私たち一家は裕福ではなく、リゾートを所有するようなお金はありませんでしたが、私が子供の頃はパプアニューギニアに住み、家族でよくビーチへ行ったものです。とても幸せな子供時代で、香港での生活と比べると、比較にならないほど幸せでした。

あのクリスマスの夜、私たち家族はそんな話で大いに盛り上がったものの、それは結局その場限りの話になってしまい、その後私は建築家を目指して大学に進みました。7年制のコースの5年目まで進んだ時、あることに気づきました。

自分が学んだことを発揮できるのは、これからまだ何十年も先だ、と。

仕事の成果を得るため、60代まで待つなんて、想像できませんでした。そして、「いつか南の島のリゾートを持つ」という夢を思い出しました。夢をかなえたいとは思いましたが、建築家として30年働いたとしても、実現できるとは思えませんでした。成功するにはもっと違うやり方で、もっと早く成功できる道が必要だと思い、それを見つけるため大学を中退しました。

もちろんこれは、簡単な決断ではありませんでした。父は私に建築家になってほしいと思っていたので、なおさら難しい決断になりました。やっとのことで腹を決めた私は、さっそく父に電話しました。

「父さん、僕が将来建物をデザインするとしたら、それは建築家としてじゃない。自分の土地を所有して、最高の建築家を雇うだけのお金のある人としてだ」

そう言うと、私は父が口を開くのを待ちました。父は驚き、がっかりしたようでしたが、最後には「それが本当におまえのやりたいことなら、やってみなさい」と言ってくれました。

私はそのあと、友人と共同で自分の出版事業を始めたのですが、資金はほとんどなく、それ以上に経験がありませんでした。

そうして5年後、20代後半だった私はシンガポールに住み、不動産関連雑誌を発行する小さな新規事業を手がけていました。自分の成功なんて結局その程度のもの。大もうけすることを夢見ていた半面、それがいつになるのかは予想もつきませんでした。

間もなくして、状況は危機的になりました。負債が膨らみ続け、がむしゃらに働いても収入はごくわずか。それでも私には選択肢がありませんでした。会社が大きくなると、さらに大きくするため、人を雇うか、マーケティングにお金をかけるかしかなかったのです。

「事業が成功すれば収入も増える」

そう信じ、稼いだお金をすべて事業に投じました。私はその決断の結果をやがて公の場で知るはめになります。


ある夜のことです。仕事を終えた私は自宅へ向かって歩いていました。頭の中は次の日にやらなければいけないことでいっぱいでした。

ふと気づくと、自宅付近の道に人だかりができており、誰かが叫んでいます。叫ぶというよりも、泣いているといったほうが近いかもしれません。その騒ぎを一目見ようと近所の人たちが群がっています。

近寄っていくと、騒ぎはなんと私の自宅の目の前で起こっており、泣いていたのは、私の妻、レナータでした。彼女は、当時まだ1歳だった私の娘、キャサリンを肩に抱いていました。娘はとてもおびえた様子で、妻は道に駐車してあるトラックの脇に立つ男性に何かを懇願していました。

そのトラックはレッカー車で、移動させようとしていたのは私たちの車でした。私は、慌てて駆け寄りました。それと同時に、涙ながらに訴えるレナータの声が聞こえてきました。

「車を持っていかないでください。お願いします……」

妻はふと振り返り、私に気づきました。


「何があったんだ？」

私は何も気づいていないかのように言いました。でも、わかっていました。車のローンをまたもや滞納していたのです。以前、妻にそのことを指摘され、支払うと約束したものの、払いませんでした。払いたくても、払うだけのお金が口座になかったのです。

表向きには成功しているように取り繕っていましたが、実際には毎月負債が膨らむ一方で、私はただただ状況が上向くことを願うばかりでした。その結果、私たち家族の金銭的な問題は、あの夜世間の目にさらされることになったのです。

「明日払いますから！」

私がそう言うと、男性は首を横に振り、差し押さえの通告書を取り出して言いました。

「ここに署名をお願いします。それと、この紙に書いてある番号に電話してください」

なぜ、成功者が言うことは矛盾するのか？

私はレッカー車が走り去るのを眺め、レナータは屈辱を感じて家の中へ入っていきました。近所の人たちは私に哀れむような眼差しを向け、それぞれの自宅へ戻っていきました。

私はひとりぼっちでした。お金もなく、車もなく、そして自尊心さえもない。あきらかに私はそれまでの現実から目を背け続けていたのでした。そして、そのせいで妻、娘、そして自分自身が受けた精神的負担に気づいていなかったのです。

誰もいなくなった道に立ちつくし、私はある決断をしました。

「自分の優先事項を必ず変えてみせる」

でも、一体どうやって？

変わろうとしたことがなかったわけではありません。

それまで読んだ本の中には、まず何よりも自分の収入を確保することの大切さについて説くものがありましたが、自分にとって自然なやり方で収入を得る具体的な方法については説明がありませんでした。

成功法則、リーダーシップ、富づくりに関する本も読みましたが、読めば読むほど混乱

してしまいました。ある本に書いてあることが、その前に読み終わった別の本に書いてあることと矛盾していたからです。

昇進することの重要さを強調する本もあれば、雇われの身では富を得ることはできず、自分の事業を手がけるほうがよい、と勧める本もありました。ある本では自分の情熱に、別の本では自分の目的に従うことがよしとされていました。

勇気を出して大胆かつ大きなリスクを取ることを主張する著者もいれば、用心深く、着実に行動するよう説く著者もいました。株やオプション取引を勧める著者がいる一方、それを完全に否定し、ネットワーク・マーケティング、オンライン・マーケティング、不動産投資を推奨する著者もいました。

すっかり混乱した私は、ビジネス界で自分の模範になるような人に学ぼうとしましたが、同様にうまくいきませんでした。

リチャード・ブランソンは「起業家、そして冒険家になることがすべてだ」と言いましたが、ジャック・ウェルチは雇われの身でもトップにたどり着けることを証明してみせました。

オプラ・ウィンフリーが有名人と表舞台に立ち、輝くことの力を感じさせる一方、マーク・ザッカーバーグからは、裏舞台で試行錯誤しながらシステムを構築することの楽しさが感じられました。

ウォーレン・バフェットとビル・ゲイツはトランプで意気投合するかもしれませんが、それぞれの成功の道のりは似ても似つかないものです。バフェットは多種多様な業界に投資していますが、ハイテク株は買いません。ゲイツはこれまでたった1つのハイテク事業を成長させることに人生をささげています。

正直言って、自分にとって何がベストなのかわかりませんでした。はっきりとした方向性がなかった私は最も典型的な道、つまり試行錯誤することになりました。結果、車を差し押さえられるということにいたったわけです。

富づくりを導く「クォンタムリープ」

あの夜、必死だった私は、ある決断をしました。

「いろんな人のいろんなアドバイスを参考にして、混乱するのをやめて、自分の道を見つけよう」

そしてその決断のおかげで自分の道だけでなく、富づくりの全地図を見つけることができたのです。

時間を早送りして20年後の現在、私は、あの夜以降に学んだことをこうして書いています。自分が夢見たバリのリゾートで。過去10年間の大半をこの地で過ごし、たくさんの事業を手がけ、世界に変化をもたらす社会起業家たちを指導してきました。

ここにたどり着くまでに、数え切れない決断をしてきました。良い決断もありましたし、悪い決断もありました。

私を富づくりの道に導いてくれた「クォンタムリープ（量子的飛躍・飛躍的進歩）」は一番初めの事業を興した時には起こりませんでした。その3年後、シンガポールでのあの夜があったからこそ、私は自分の夢をかなえること、そしてそのための明確なプランに取り組むことを心に誓ったのです。

そして、人生で初めて自分の収入プランを設定し、それを事業計画よりも優先し、自分の強みを活かす方法に専念し始めました。

事業で大金を稼げる日が来ると期待して、生活費に満たない収入を得るかわりに、**あるビジョンとプランを作りました。**

それは、経費を引いたあとの自分の収支が3カ月ごとに増える、というものでした。

結果、1カ月もたたないうちに収支がプラスになりました。その後もプランを守り続け、6カ月以内には毎月500ドル余分なお金が残るようになり、その分は蓄えておきました。

さらに2年間それを続けた結果、投資への収支が1万ドルを超えました。私は20代で億万長者になり、自分が信じる人たちや慈善活動を支援できるようなお金と時間を手にしました。

必要だったのは「自分のフォーカスを変えること」。それだけでした。

言い換えると、シンガポールでのあの夜に私に起こったクォンタムリープは、これからお話しする「ミリオネア・マスタープラン」を発見する第一歩でもありました。それはつまり、**自分の目的地を選び、そこへたどり着く道を切り開く**、ということです。自分の目的地を知ることはもちろん大切ですが、もし自分が誰で、今どこにいるのかを知らない場合は意味がありません。

そんな時こそミリオネア・マスタープランが役立ちます。このプランはあなたの成功を助ける「GPS」です。

GPSは単なる地図ではなく、現在地、目的地、最善のルートそして目的地へたどり着くための具体的なステップを教えてくれます。約束します。この本を読めば、あなたにとって自然な道がはっきりします。

これまで10代で最初の事業を興し、20代で事業をたくさん立ち上げ、売り、潰し、成功させ、30代で数多くの人々を指導し共に活動する経験の中で、あることがだんだんはっきりしてきました。

それは、富を段階的に構築していく過程では、誰もが同じ学習段階を経て、同じ突破口を開く、ということです。

誰もが同じ地図上にいますが、現在地は異なります。 この地図（ミリオネア・マスタープラン）は実際の地形を単に2次元でとらえたものではありません。それは私の中にいる建築家がデザインした建築物の3次元設計図、「ウェルス灯台」なのです。

「ウェルス灯台」は、9つのレベルから構成されます。

そして、その各レベルとは、「被害者」、「生存者」、「労働者」、「プレーヤー」、「パフォーマー」、「指揮者」、「主催者」、「作曲家」そして「レジェンド」とつながっています。

本書では、最初の3つのステージ「被害者（赤外線レベル）」、「生存者（赤のレベル）」「労働者（オレンジのレベル）」から抜け出し、ステップアップする方法をご紹介していきます。

現在のあなたのレベルを知るには、まずウェルス灯台の4つの側面のうち、どこから入るべきかを知らなければいけません。

各側面は富を創造する4種類の周波数（才能）を表します。

「ダイナモ」、「ブレイズ」、「テンポ」そして「スチール」のいずれかです。

どんな人にも周波数はあります。いったん自分の周波数を自覚すれば、自分を導いてくれる「才能を磨くシステム」を見つけることができます。

結局のところ、私が昔読んだ本や手本とした人たちが言っていたことは間違ってはいなかったのです。

現在、書店に並ぶたくさんのすばらしい本を書いた著者も間違ってはいません。彼らはみんな同じ地図の上にいるのです。

そして、**彼らのアドバイスというのは自分が今いるレベルに合っていれば正しいのですが、自分のレベルや周波数に合っていなければ、間違ったものになってしまいます。**

方向性と情報は違います。情報は地図全体、方向性はA地点からB地点への行き方を意味します。今日の情報経済で必要なのは情報ではなく方向性です。

自分が今どこにいて、どこへ向かっているのかを知っていれば、いつでもGPSで方向をチェックできます。

あなたが今必要とするのは、あなたに合う方向性です。他の誰でもなく、あなたとあなたの周波数に合う方向性を確認しましょう。

だからこそ、あなたはその第一歩として今すぐミリオネア・マスタープラン「隠された才能がわかる診断テスト」を受ける必要があるのです。

過去10年にわたり、80を超える国々で人々を指導し共に活動しながら、私はこのミリオネア・マスタープランを解き明かそうとしてきました。

現に、世界各国のリーダーの中にはミリオネア・マスタープランに関連のある手引きからヒントを得て、成功している人々が数多くいます。

たとえば負債がある状態から巨額の収入を得るようになったり、たくさんの人々を支援する慈善活動を広げたり、企業内で大きく成功したり、家族と過ごす時間を増やしたりなど、さまざまな形で成功しています。

だからこそ、私は自信を持って言えます。

あなたの目標が金銭的ストレスをなくすことであれ、家族のために富を築くことであれ、自分の仕事を今よりも有意義で充実したものにすることであれ、それがなんであれ、**私のミリオネア・マスタープラン上にある、あなた独自の才能を開花させるステップを見つけることができる、と。**

だからこそ、これ以上読み進める前に、次のセクションにある指示に従い、ミリオネア・マスタープラン「隠された才能がわかる診断テスト」を受けてください。

そして、自分の生来の周波数と現在のウェルス灯台のレベルを確認してください。

最後に一言。

「ウェルス灯台の中を1人で歩むことはできません」

事実、自分の周波数を補ってくれる人からひらめきを得ることはよくあることです。ミリオネア・マスタープランの旅路で、あなたはそんなチームを引き寄せるでしょう。

この本の売り上げの一部は、急速に変化する世界で子供たち（そして大人）が必要なスキルを習得し、より良いキャリアを築けるよう、教育とお金に関する読み書き能力の向上のために寄付されます。

この旅に参加され、小さくとも大変重要な形で人々に貢献してくださり、ありがとうございます。

準備はいいですか？

一緒に魔法を起こしましょう。

ロジャー・ハミルトン

アクションプラン

ミリオネア・マスタープランの「隠された才能がわかる診断テスト」を受けよう！

本書を読み進める前に、次のＵＲＬからテストを受けてください。あなたの周波数（才能）を診断することは、自分の道を歩むには欠かせません。

テストは、次のＵＲＬから受けることができます。

http://jwda.org/mmp

本サイトにおいて、メールアドレスを入力するだけで、テストを受けることができます。所要時間はわずか15分程度です。

テストが終わると、結果メールが２通届きます。

１つ目の結果はテスト終了後すぐに届きます。これを読めば、あなたの生来の周波数（才能）が４つのうちのどれかがわかります。

この周波数が、本書を読み、ウェルス灯台の中を進む旅路で、あなたを導いてくれる羅針盤です。自分の周波数を知ることの重要性については第１章でお話しします。

その少しあとに届く2つ目の結果は、現在のあなたのウェルス灯台のレベルに関する内容です。ウェルス灯台とそのレベルについては第2章で解説します。

なぜテスト結果は2つあるのかをお伝えしておきます。

ミリオネア・マスタープランのテストは、あなたの才能（周波数）と現在地（ウェルス灯台のレベル）の両方を診断できます。

あなたの周波数は生涯変わりませんが、富のレベルである、ウェルス灯台のレベルは好きなところまで、上げていくことができます。テストを2つに分割し、富のレベルのテストを再受験することで、今後の進捗《しんちょく》状況を確認できるようになっています。

もしあなたが、テストを受けずに先を読みたい、という衝動に駆られていたとしても、まずはテストを受けてください。

なぜならば、自分の目的地を知るには、まず自分の現在地を知らなければいけないからです。灯台の各レベルをマスターして、自分にとって自然なやり方で富を築く方法は周波数によって異なります。

さらに、各レベルのステップをどう踏んでいくかも、周波数に左右されます。恐らく、あなたはこれまでに富の構築のアドバイスを実践し、失敗したことがあるのではないでしょうか？

その失敗の原因は、そのアドバイスがあなたのレベルと周波数に合っていなかったからです。アドバイスに効果はなく、結果あなたの貴重な時間とエネルギーが無駄になりました。本書を読む前に同じ失敗を繰り返さないでください。

２つ目の理由は、「つながって」いなければいけないからです。人生で困難にぶつかる原因は大抵の場合、必要な時に必要な人たちにつながっていないことにあります。

ミリオネア・マスタープランのテストをオンラインで受ければ、あなたと志を同じくする人々がいるコミュニティ「GeniusU」につながり、豊富な学習リソースを利用できます。

だからこそ、まだ読み進めないでください。

まず初めに、次のアドレスからテストを受けてください。

http://jwda.org/mmp

第1章 あなたの才能を見つけよう～あなたの「周波数」はどれか？～

目次

第4章　「赤レベル」から抜け出す方法

目次

第5章 「オレンジレベル」から抜け出す方法

第１章

あなたの才能を見つけよう

～あなたの「周波数」はどれか？～

あなたに隠された「4つの才能」とは?

ちょっとした実験をしてみましょう。

腕を組んでください。どちらの腕が上で、どちらが下になりますか?

次に腕を組み替えてください。さっき上だった腕を下に、下だった腕を上にしてみてください。どんな感じがするでしょうか?

大抵心地よくないはずです。人によってはやりにくいとさえ感じます。

なぜそう感じるかというと、「やり方が間違っているから」です。別に正しい腕の組み方があるわけではなく、自分にとって自然なやり方がある、ということです。

人は誰でも天性を持っていますが、成長するにつれて次から次へと自分の不得意なものが見つかっていきます。そして、不得意なことを克服しようとします。

その一方で得意なことはあまり気にとめません。

これは特に子供たちにとっては残酷なことです。周波数がそれぞれ違うのに、学校ではみんな同じテストを受け、その結果で判断されます。そのため、子供たちの多くが自信と学習意欲を失ってしまいます。

現在のあなたが本来の自分であるなら、自分を変える必要はあるのでしょうか？

これはあなたが生来持っている個性や才能においても同じです。自分の周波数に気づくのは、ひらめきを得る感覚に似ています。

それに気づけば、成功するために自分の弱みに集中する必要はないとわかります。

ただ自分の才能を活かせる道を進めばいいのです。周波数の種類は4つあります。

- **創造することが好きな「ダイナモ」**
- **人とつながることが好きな「ブレイズ」**
- **人の役に立つことが好きな「テンポ」**
- **詳細が好きな「スチール」**

あなたが持っている才能、周波数は確認しましたか？　まだでしたら次のＵＲＬからミリオネア・マスタープランのテストを受けてください。

http://jwda.org/mmp

テスト結果を読めば、あなたの周波数がわかります。それでは、それぞれが成功するために従わなければいけない「ルール」について学びましょう。

周波数別才能のルール

あるたとえを使って「ルール」を説明します。

各周波数には得意なスポーツがあります。自分に最適なゲームとそのルールがわかっていれば、あなたはゲームで最高のプレイをすることに専念できます。

私は、これまで負債を抱えて四苦八苦する人々を見てきました。そしてそうなる人の原因は、お金の管理は綿密にしなければいけないと人から教わり、頑張って実践していたからでした。しかしそれは彼らの周波数の強みではありませんでした。

彼らはルールを守ろうと頑張っていましたが、プレイしていたのは自分本来のゲームではなく周波数の異なるゲームだったのです。

自分のゲームのルールがわかれば、違う戦略を使って簡単に負債から抜け出すことができます。あなたの周波数はどれでしょうか?

４つの才能（周波数）とは？

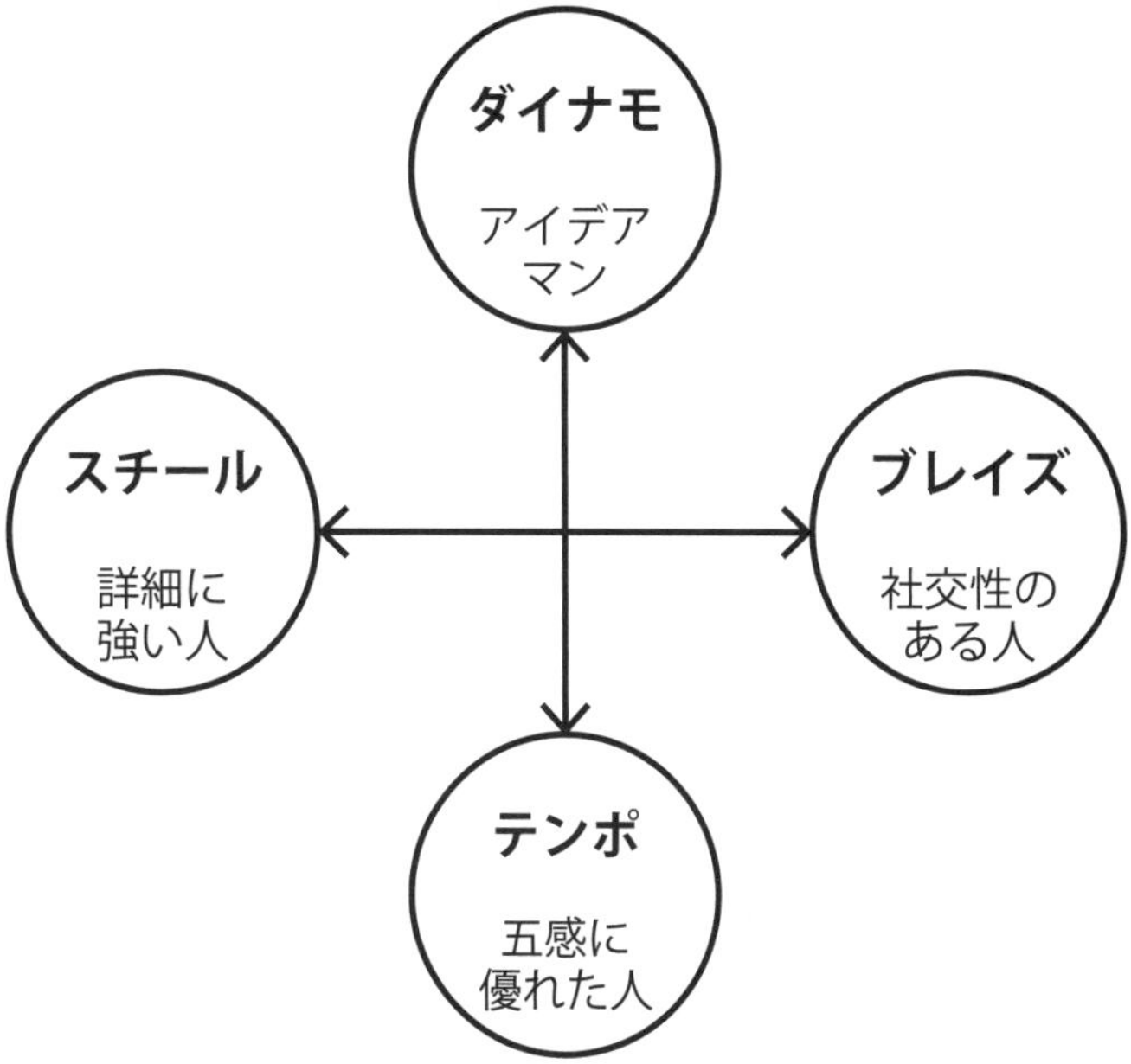

・創造することが好きな「ダイナモ」
・人とつながることが好きな「ブレイズ」
・人の役に立つことが好きな「テンポ」
・詳細が好きな「スチール」

必ずこの４つのタイプに当てはまる！
まずは「テスト」を受けてみよう！

4つの周波数を理解する

この4つの周波数の起源は5000年前にさかのぼります。古代中国やインドの思想にある4つの周波数と関連があり、アリストテレスとプラトンも特定したものです。

起源は古いかもしれませんが、ミリオネア・マスタープランではまったく異なる次元で利用されています。起業家精神を育み、皆さんが富と成功へ続く最も抵抗の少ない道を進めるよう役立てられています。

各周波数には特有の時間とお金の管理の仕方、ネットワークの広げ方、チームのリードの仕方があります。また、独自の勝利と敗北の方程式があり、ある人にとっては勝利の方程式でも、別の人にとっては敗北の方程式を意味することもあります。

周波数は独自のリーダーシップスタイル、好み、コミュニケーションの仕方、自分自身、自分の商品やサービスの売り方とも関係しています。

だからこそ「自分ですべてやりなさい、成功する方法は1つしかない」と説く「万人向

け」の本のアドバイスが矛盾してしまうことがよくあるのです。

これは痩せたいなら自分を変えなさい、と説く非効果的なダイエット法と似ています。その前提は痩せるには別人になる必要があり、ありのままの自分ではいけない、ということです。

自分の周波数を知ることは、自分にピッタリ合うオーダーメイドのダイエット法を考える第一歩だと思ってみてください。

言うまでもなく、私たちが持っている周波数は1つだけではありません。人は誰でも4つの周波数を少しずつ持っていますが、他よりも特に強い周波数があるのです。

さて、ウェルス灯台に足を踏み入れる前に、各周波数の羅針盤が指す方向を正しく理解して、自分を解放する第一歩を踏み出しましょう。

「ダイナモ」の人（アイデアマン）

ダイナモの人は、アイデアマンです。得意なことは、創造。ダイナモは新しいことを始めて、前進させることができます。誰よりも未来志向で、「雲の中に頭を突っ込んで（非現実的）」、持ち前の飽きっぽさで成功します。

不得意なことは、物事を完結させること、細かい気配り、集中することなどです。

ダイナモには創造力があり、新しいことを始める才能と能力があり、それをさらに成長させます。ダイナモが苦手なのは、話し合う。体感覚を味わう。タイミング、サービス、人の気持ちを察知することです。

ダイナモの人には、リチャード・ブランソン、ビル・ゲイツ、スティーブ・ジョブズ、マイケル・ジャクソン、ベートーベン、トーマス・エジソン、アルベルト・アインシュタインなどがいます。

彼らはみな自分の強み、つまり創造することに専念しました。秩序や社交性が足りないことを人から批判されても聞き入れず、細部まで気を配れなくても気にしませんでした。

ダイナモの人（アイデアマン）

「善意ある独裁はいいと思う、
あくまでも独裁するのが僕ならの話だけど」

リチャード・ブランソン

得意なこと	創造。ダイナモは新しいことを始めて、前進させる。誰よりも未来志向。「雲の中に頭を突っ込んで（非現実的）」、持ち前の飽きっぽさで成功する。
不得意なこと	物事を完結させる。タイミングを見極める。細かいことに気を配る。物事に集中する。
勝利の方程式	革新から価値を創造する。ダイナモには創造力があり、新しいことを始める才能と能力があり、それをさらに成長させる。
敗北の方程式	話し合う。直感に従う。タイミング、サービス、人の気持ちを察知することを一番不得意とする。つまり、スチールのように行動できない。
対極にある周波数	テンポ

「ブレイズ」の人（社交的な人）

ブレイズの人は、社交的な人物です。得意なことは、会話とコミュニケーション。人間関係、思いやり、そして対話がすべてであり、人との対話、ストーリーを話すこと、聞くことで学び、人脈を広げることで自分のブランドを築き、拡大することを得意とします。

逆に不得意なことは、詳細さ。分析や細かい計算を苦手とします。

ブレイズの人にはビル・クリントン、ジャック・ウェルチ、オプラ・ウィンフリー、エレン・デジェレネス、そしてラリー・キングなどがいます。

成功したブレイズたちはカリスマ性があり、リーダーシップや人脈といった自分の強みに集中しました。数字をおろそかにしたり、計画性に乏しかったりすることを人から批判されても聞き入れず、気移りしすぎることや、オフィスで働くのが嫌いだからといって気にすることはありませんでした。

そして「誰？」という問いに答えるのが、得意だったので、人とのつながりを通して、楽しく、バラエティに富んだ変化をもたらしました。

ブレイズの人（社交的な人）

「リーダーならなんでも誇張して言いなさい。何千回と繰り返し言い、誇張しなさい」

ジャック・ウェルチ

得意なこと	会話とコミュニケーション。ブレイズは人間関係、思いやり、そして対話がすべて。人との対話、ストーリーを話すこと、聞くことで学ぶ。
不得意なこと	詳細。分析や細かい計算が一番苦手。
勝利の方程式	拡大してレバレッジを作り出す。ブレイズは「これを自分がいなくては回らないようにするにはどうすればいいか？」と問う。人脈を広げることで自分のブランドを築く。拡大する。
敗北の方程式	計算。自分がいなくても動くシステムを利用することで増殖戦略を取ろうとすると行き詰まる。
対極にある周波数	スチール

「テンポ」の人（五感に優れた人）

テンポの人は、五感に優れた人物で、地に足をつけた多種多様な活動にかかわります。とても実践的な人で、周りから推薦や紹介を得ることが得意です。

期待すべきは時間内に必要なことを完成させること。逆に、創造的な計画を練ることを期待してはいけません。

革新、人前で話す、戦略的な計画を立てる、物事の全容を把握することは苦手です。

テンポの人にはウォーレン・バフェット、ジョージ・ソロス、ウッドロウ・ウィルソン、ガンジー、ネルソン・マンデラ、マザー・テレサ、そしてマイケル・フェルプスなどがいます。彼らはみな自分の強み、つまり五感と根気強さを大切にしました。

押しの弱さや政治的手腕の足りなさを人から批判されても聞き入れず、人よりも慎重で、行動に時間がかかることも気にしませんでした。

そして「いつ？」という問いに答えるのが誰よりも得意だったので、冷静になり、地に足をつけ、時間をかけて行動しました。

テンポの人（五感に優れた人）

「指導者たる者、
人々の声に耳を傾けねばならない」

ウッドロウ・ウィルソン

得意なこと	地に足をつける。多種多様な活動にかかわる。実践的になる。人からの推薦や紹介を得る。テンポに創造的な計画を練ることを期待してはいけない。期待すべきは時間内に必要なことを完成させること。
不得意なこと	革新、人前で話す、戦略的な計画を立てる、物事の全容を把握する。
勝利の方程式	タイミングから価値を創造する。テンポは買い、売り、行動し、待つタイミングを知っていれば何も創造する必要がない。
敗北の方程式	創造力。自分本来の五感に頼らずに、成功の道を切り開き、何かをゼロから革新しようとすると行き詰まる。
対極にある周波数	ダイナモ

「スチール」の人（詳細に強い人）

スチールの人は詳細に強く、理系タイプと言えます。得意なことはずばり「計算」。ハンドブックやマニュアルが大好きで、細かい部分まで徹底的に読み、全情報を理解することを好みます。腰を据えて物事を正確に処理でき、慌てず、自分のフロー（流れ）を築くシステムを構築できます。

一方、苦手なのはコミュニケーションです。

スチールの人にはジョン・D・ロックフェラー、ヘンリー・フォード、レイ・クロック、ラリー・ペイジ、セルゲイ・ブリンそしてマーク・ザッカーバーグをはじめとする著名な起業家がいます。

彼らはみな自分の強み、つまりシステム構築能力やデータによる管理能力を重視しました。敏感さが足りないことを人から批判されても聞き入れず、1人でいるほうが好きなことや、そのほうが最高の仕事ができると確信していました。

そして「どうやって?」という問いに答えるのが誰よりも得意だったので、システムを使って従来よりも効率的な処理方法を見つけることに専念し続けたのです。

スチールの人（詳細に強い人）

「リーダーの資質というのは、自然とそのリーダーのスタンダードに現れるものです」

レイ・クロック

得意なこと	計算。スチールはハンドブックやマニュアルが大好きで、細かい部分まで徹底的に読み、全情報を理解することを好む。腰を据えて物事を正確に処理する。慌てず、自分のフロー（流れ）を築いてくれるシステムを慎重に構築する。
不得意なこと	世間話と絶え間ないコミュニケーション。
勝利の方程式	増殖させることで、レバレッジを作り出す。スチールは「これを自分がいなくても回るようにするにはどうすればいいか？」と問う。システムを通して物事を簡素化し、増殖させる。
敗北の方程式	コミュニケーション。スチールはダイナモのエネルギーを吸い取ってしまうことがよくある（スチールの金属の斧がダイナモの木を切ってしまうため）。ブレイズとかかわりすぎると、頭のさえが悪くなる（火は金属を溶かすため）。
対極にある周波数	ブレイズ

富のカギは「フロー」

自分の周波数がわかれば、あなたにとっての最適な本や、模範となる人を見つけやすくなります。また何を受け入れ、何を受け入れないかの判断がしやすくなります。そして何より、周波数がわかれば、ウェルス灯台のレベルをより早く上げていく道を開いていくことができます。さらに、自分の「フロー（流れ）」を見つけることができるのです。

生きているあらゆるシステムにはフローがあります。

私たちの中にもフローがあります。才能、商品、情報、富にいたるまでフローを持っており、このフローが交わると、富が成長していくのです。

経済活動を例に挙げましょう。船が航海すると、流れは港で合流し、結果、各国の首都が成長しました。港まで道や鉄道がつながると、流れが交わり、富が大きくなりました。今日、世界有数のお金持ちは巨大なフローが交わる場所にいます。

フローは、あなたの周波数や成功すべてと関係しています。

あなたの周波数がわかれば、あなたはフローの中に入り、フローを強化できます。

これまでの人生で何をやってもつらかった時期を思い出してみてください。

そのつらい時、あなたは自分の弱みと敗北の方程式に集中していたはずです。

逆に、何もかもが簡単に感じられた時期を思い出してみてください。

その簡単だった時、あなたは自分本来の周波数と勝利の方程式に従っていたのです。

イメージしてみてください。

あなた自身の持つ「弱み」と「敗北の方程式」を打ち消してくれるような強み、そして勝利の方程式を持つ人（周波数）とチームを組む。

まさにこれがフローの中に入るカギなのです。

そうすればあなたの周波数は羅針盤だけでなく、ロウソクの炎にもなります。

私たちは炎よりも、蝋《ろう》にエネルギーを注ぎがちです。しかし、蝋を増やすことに専念するのは「ゼロサムゲーム（得点と失点の合計がゼロになるゲーム）」をプレイするようなものです。

ある人が今より裕福になれば、別の誰かが今より貧しくなります。ところが、蝋ではなく炎に注目すれば、得られる結果が急激に大きくなります。燃えているロウソクで別のロウソクを灯すことができます。しかもコストはかかりません。

自分の周りの人の炎を1人、また1人と灯していくにつれて、どんどん影が消えていきます。そして私たちは、これがロウソクの真価なのだ、と気づくのです。

同時にそれはウェルス灯台でレベルアップしていく過程で見いだす目的であり、充実感です。


あなたの友人、同僚、上司そして家族の周波数がわかれば、ありのままの彼らを大切にし、強みを引き出すことができます。


それではあなたが得意でないことはどうすればいいでしょうか？

世の中にはあなたの最大の弱みをカバーしてくれる強みを持つ周波数の人がいます。

フローは何かを守り抜くことだけでなく、手放す時にも活かせます。


ここで私の話に戻ります。車を差し押さえられてから1年半が過ぎた頃、この重要なコンセプトを理解した私にまた「クォンタムリープ（量子的飛躍）」が起こりました。しかも「ミリオンダラー」級のです。

当時、収支はすでにプラスに転換していましたが、ダイナモの周波数を持つ私は日々の経営に悪戦苦闘していました。毎日人に会い、広告スペースを売り歩くことに嫌気が差していました。革新し、自分の創造力をさらに発揮したいと考えていたのです。

そんな時、友人のパトリックがオフィスを訪ねてきました。

そして軽い調子でこう言いました。

「資金を１００万ドルほど調達するつもりなんだ」

パトリックは不動産業者で、業界での実績がありました。新規事業を興すためにその資金が必要だと言いました。

一方の私はというと、会社をなんとか回していた状態で、毎月の売り上げは3万ドル程度。給料は家賃と生活費を辛うじてまかなえるほどの額でした。

そうはいっても、パトリックの新規事業のアイデアに比べれば、私の事業は少なくとも「正真正銘」の事業でした。「一体どうやってそんな大金を調達するつもりだろう?」と、私はかなり懐疑的でした。

パトリックは私に、「君も僕みたいに資金を調達したらどうだい」と言いましたが、私は聞き流しました。忙しすぎてそんな話を真に受けている暇などなかったからです。

ところが、そんな話を忘れてしまいそうになった頃、彼はなんと１００万ドルの小切手を手に、またオフィスにやってきました。

あの話からまだ6週間も経過しておらず、私は椅子から転げ落ちるほどびっくりしました。話はこういうことでした。

ある日、パトリックは地元のエンジェル投資家に関する新聞記事を目にします。記事によると、その投資家はハイテク分野の有望な新規事業に100万ドルを資金提供するつもりだ、というのです。そこでパトリックはある計画を立てました。

その投資家に会って、どんな事業に一番投資したいと思っているかを聞き出す。そして、自分の新規事業をそれにぴったり当てはまるように仕立てる。

パトリックの戦略（一緒にビジネスをやりたいと思う投資家を探し、相手の投資の判断基準を理解する）は的を射ていました。

パトリックが小切手を手にしてやってきたあの日、私は帰宅してからあることを悟りました。自分のやり方は間違っていた、と。

世界では毎日、膨大なお金がやり取りされます。それは川を流れる水のようなもの。**しかし、私は砂漠で穴を掘っていたのです。それでは絶対フローを利用できません。**

その頃やっていたやり方では事業を成長させるのに必要な資金は調達できず、自分の創造力だけを頼りに収入を得ることもできません。

もし自分のダイナモの強みを活かしてパトリック（彼もダイナモ）がやったように資金調達すれば、富のフローを利用できるかもしれない。そう思い、実行に移しました。

300万ドルの小切手

最初にぶつかった壁は時間です。それまでずっと、会社を1人で経営してきました。人を雇うような余裕はないと思い込んでいたからです。しかし今回は、ある重要な質問を自分に投げかけました。

「自分より有能な人を雇い、あとから報酬を払うことはできるだろうか？」

私は経営を任せられるような出版業界のプロを探したところ、ピーター・ワトキンスに出会いました。彼の周波数はブレイズで、私よりも10歳年上。出版業界ではベテランで、大きな出版社グループで働いていました。

私はピーターに資金調達の計画について切り出し、給料は今よりもだいぶ少なくなるが、私を信じてゼネラルマネージャーになってくれる意思はないだろうか、と尋ねました。そして次のように説明しました。

「私が自分のダイナモの天性を活かして資金調達すれば、会社を劇的に成長させることができ、その間、彼はブレイズの才能で経営し、事業を改善できる。

さらに、力を合わせれば、事業を通じて私もピーターも今より多くの資源を手に入れ、より良い展望が得られる。また、彼のブレイズのエネルギーが私のダイナモのエネルギーを最大限に引き出し、1人ではできないようなことを成し遂げられる」

そうした結果、ピーターを迎え入れることに成功し、時間に余裕ができました。私はそれから1カ月もしないうちに、事業計画を掲げてベンチャー投資会社を回り始めました。**そして3カ月以内に、31社から300万ドルの資金提供の約束を取りつけたのです。**

そんな高額な小切手を見たのは生まれて初めてでした。私はその小切手をコピーし（最大限まで拡大して）、壁に貼りました。そして悟ったのです。

3カ月前までの自分は、自分の周波数に逆らいながら、がむしゃらに働き、ひたすらフローに逆行していたことを。

もちろん、それほどの資金調達は言うほど簡単なことではありません。資金調達についてはまたあとで詳しくお話しします。

それはそれで大変だったわけですが、毎日営業して、数千ドルのフローにしか縁がなかった自分が、あっという間に投資家と会い、自分の事業を売り込むことで数百万ドル規模のフローを見つけた事実には驚かされました。

互いの周波数に気づくと、相手のことを理解できる

ただ、それは自分の努力の結果ではありません。それは自分の周りのフローのレベルがアップした結果でした。

私生活での人間関係も同様です。私の妻、レナータの周波数はテンポです。彼女と私は正反対ということになります。結婚して20年以上になりますが、結婚当初は、自分たちの違いが周波数にあることに気づいていませんでした。

私はどうして妻がリスクを嫌うのか常に不思議に思っていましたし、彼女は彼女でなぜ私がいつも新しいことをやろうとするのか理解できませんでした。そして、それが原因で相手の生まれつきの性格を批判し、よく口げんかになりました。

ところが、お互いの周波数に気づくと、相手を認め、理解できるようになりました。そして私たちは、お互いに相手のフローを妨害しようとしていた、と気づいたのです。

今では、妻は私が新しいことを始めようとしても何も言いませんし、私も彼女が新しい情報を処理する時間が必要だとわかっているので、意思決定の必要がある場合もすぐに決断するよう急かしたりはしません。

お互いに相手がフローの中にとどまれるよう助け合っているのです。

第5の周波数とは何か？

4つの周波数を学習サイクルにリンクさせる「第5の周波数」というものがあります。アリストテレスが「第一動者」と呼ぶもので、他の周波数の源となるものです。この周波数がフローの基盤となっています。

さらに、5つの周波数が、1つのサイクルを構成します。どんなプロジェクト、事業、業界、国もサイクルを経る過程で5つの周波数の中を通ります。

サイクルは創造から始まり、やがて完結し、また新たなサイクルが始まるのです。あなたも現在、このサイクルのどこかを通過しているところです。

第5の周波数は、あなたの起業家精神であり、あらゆるサイクルの始まりであり、「なぜ?」という問いです。そして「なぜ?」が、「何?」（ダイナモ）、「誰?」（ブレイズ）、「いつ?」（テンポ）、「どうやって?」（スチール）という一連の問いにつながります。

これから、この学習サイクルと周波数がウェルス灯台の各ステップにおいてどのように関係しているのかを見ていきましょう。

第１章のまとめ

・あなたには周波数がある。生来の周波数はミリオネア・マスタープラン上であなたを導いてくれる羅針盤。この羅針盤に従えば、フローを見つけることができる
ダイナモはアイデアマン
ブレイズは社交的な人
テンポは五感に優れた人
スチールは詳細に強い人
・フローは富へのカギ：周波数に従い、フローを大きくすればするほど、自分が創造する富も大きくなる
・4つの周波数を学習サイクルにリンクさせる第5の周波数があり、その周波数が「なぜ？」を問いかける。そして「なぜ？」という問いが、「何？」（ダイナモ）、「誰？」（ブレイズ）「いつ？」（テンポ）、「どうやって？」（スチール）という一連の問いにつながる

アクションプラン

「フューチャービジョン」と「飛行計画」

方向性を知るには、自分の現在地だけでなく、目的地もはっきりわかっていなければいけません。だからこそ明快な「フューチャービジョン」が必要です。

それにもかかわらず、フューチャービジョンがある人がほとんどいないのは、なぜでしょうか?

「問題がありすぎて、明日のこともわからない」
「実現しそうもないことを夢見て、結局がっかりしたくない」
「方向性を決める前にまずじっくり考えたい」

数々のメンタリングを通じてこれまで、このような言い訳を数多く耳にしてきました。

しかし、これではいけません。なぜなら、目的地を明確化しないことが、ストレスや不安の原因になっているからです。

あなたの周波数の羅針盤もウェルス灯台の地図も、あなたが自分の目的地を知らない限

り役に立ちません。

フューチャービジョンは、あなたの目的地と今後1年間で実現したい「理想的な人生」を具体化するものです。このビジョンを作成することは、自分の最高傑作を作ることだと考えてください。

ビジョンが完成したら、次は四半期ごとのマイルストーン（目安）を含む「飛行計画」を作成しましょう。この2点とミリオネア・マスタープランのテスト結果があれば、あなたの現在地と今後1年間の目的地がはっきりするでしょう。

「フューチャービジョン」を作成する

これは単なる目標設定や視覚化ではありません。

フューチャービジョンを作成することは、今後1年間（あなたがコントロールできる一番近い未来）でのあなたの人生の発展について全体的に考え、その青写真を作ることです。あなたの可能性を広げ、ワクワクさせるようなフューチャービジョンを（達成可能な範囲で）作成しましょう。

ナポレオン・ヒルは著書『思考は現実化する』の執筆のため、アメリカの大富豪やトップクラスの起業家をインタビューしました。彼が発見した大富豪や成功者に共通する「秘密」の大部分はこのビジョンと関係があります。

ヒルは、アンドリュー・カーネギー、トーマス・エジソン、アレクサンダー・グラハム・ベル、ヘンリー・フォード、ジョン・D・ロックフェラー……に共通点を発見しました。

その共通点は、自分が創造する未来を信じて疑わなかった、ということです。

彼らにとって問題はその未来が実現するかどうかではなく、それがいつ実現するかだったのです。

私は車を差し押さえられたあの夜、初めてフューチャービジョンを作成しました。

それ以降、フューチャービジョンを書かなかった年はありません。

「あとからの気づき」と「感謝」の力でビジョンを具体化し、日記に書きます。以下がその方法です。

「フューチャービジョン」の書き方

・あとからの気づき

1年後、あなたがそれまでの1年間を振り返りながら日記を書いているとイメージしてください。日記の書き出しはこうです。

「この1年間で私は……」目的地に到達して過去を振り返る自分を想像するほうが、現時点から将来について考えるよりもはるかに簡単です。

・感謝

私がビジョンを作成する時は、「〇〇を達成したから成功できたし、充実感がある」とは書きません。感謝のエネルギーを感じながらこう書きます。

「この1年間に感謝します。この1年間で私は……」

「達成度の気づき」と「感謝」があれば、フューチャービジョンを作成するだけで充実感やエネルギーが湧いてきます。この作業は、飛ばさず、今すぐ実行してください。

そして、今日から1年後の日付を記入してから日記を書いてみましょう。

構成は次を参考にしてください。

フューチャービジョンを書いてみよう

日付：

この１年間に感謝します。この１年間で私は・・・

私の収支は・・・

私の資産は・・・

私の時間は・・・

私の仕事／事業は・・・

私の顧客は・・・

私のチームは・・・

私のパートナーは・・・

私の健康は・・・

私の家族は・・・

私の友達は・・・

私の目的意識は・・・

私の貢献は・・・

次の１年間は・・・

あなたの人生のありとあらゆる側面について書いてください。

今日から1年後、どんな人生を送っていたいですか？

あなたの人生のすべての側面について考えましょう。

例の他にも、あなたにとって大切な人生の側面があれば追加してください。

これは2ページになるかもしれませんし、10ページ必要かもしれません。できるだけ具体的に、現時点から目的地までどうやってたどり着いたのかというエピソードを含めて書いてください。

完成したら、次はそれが自分を奮い立たせるような内容かどうか考えてみてください。もしそうでなければ、何を付け加えればいいか考えましょう。

完成したら、コピーして今後1年間、あなたの目に付くような場所に貼り付けてください。それが今後12カ月間のあなたの目的地です！

「飛行計画」を作る

1年間のフューチャービジョンができたら、次はそれを分割して四半期ごとのマイルストーンを設定しましょう。そうすることで、あなたのペースと進み方を維持することができます。私は自分の人生と、複数ある自分の事業それぞれの四半期ごとのマイルストーンを設定しています。

ビジョンを四半期のマイルストーンに分ける時、簡単な方法があります。

1年後のあなたの月収をいくらに設定しましたか？

現在の月収とその月収の差額を4で割ってください。その数字をもとにすると、これから3カ月後に得たい月収はいくらでしょうか？ 6カ月後の月収は？

フューチャービジョンによると、12カ月後のあなたは何をしていますか？

今から3カ月後、つまり12カ月の4分の1の時点では、あなたの状況は今とどんなふうに違いますか？ 6カ月後の時点ではどうでしょうか？

四半期ごとの目標を達成する方法は、まだ考えなくてもかまいません。

今はただ「何？」と「いつ？」に集中しましょう。

進捗状況を確認する曜日と時間帯を決めましょう。

私のお勧めは日曜の夜、夕食後の1時間です。その1時間で進捗状況を評価し、飛行計画を念頭に置いて次の1週間の計画を立てます。私はこれを過去25年間にわたり実践してきました。

この「成功のリズム」は今では食べることや寝ることのように、完全に生活の一部になりました。この作業を私は「スコアセッション」と呼んでいます。これは「スコア」という単語の3つの意味と関係があります。

・音符（自分の最高傑作を譜面におとす）
・測定（自分の進捗状況を数値化する）
・溝（木の板を彫り、毎週その溝を深くしていく）

第2章

あなたの現在のレベルを見てみよう
～ウェルス灯台の階層～

ウェルス灯台とは何か？

4つの周波数と同様、ウェルス灯台の構造も5000年の歴史があります。その起源は古代中国とインドで、そのあと古代エジプト、ギリシャ、ローマ帝国、さらにはルネサンス、啓蒙時代、そして現代にまで伝わりました。

ウェルス灯台には4つの周波数を表す4つの側面があります。また、階層が9つに分かれており、これがウェルススペクトルを構成しています。

このウェルススペクトルの階層はさらに3つに分かれています（3つのレベルが1つのプリズムを構成している状態）。

この9つのレベルの順序は、私たちにも親しみがある虹色の順序と同じです。

一番下と上のレベルは、それぞれ目に見えない色で、一番下が赤の下にある赤外線、一番上は紫の上の紫外線です。

本書では、個人のフローをマスターする「基礎プリズム」（最初の3レベル）を解説していきます。

ウェルス灯台とは？

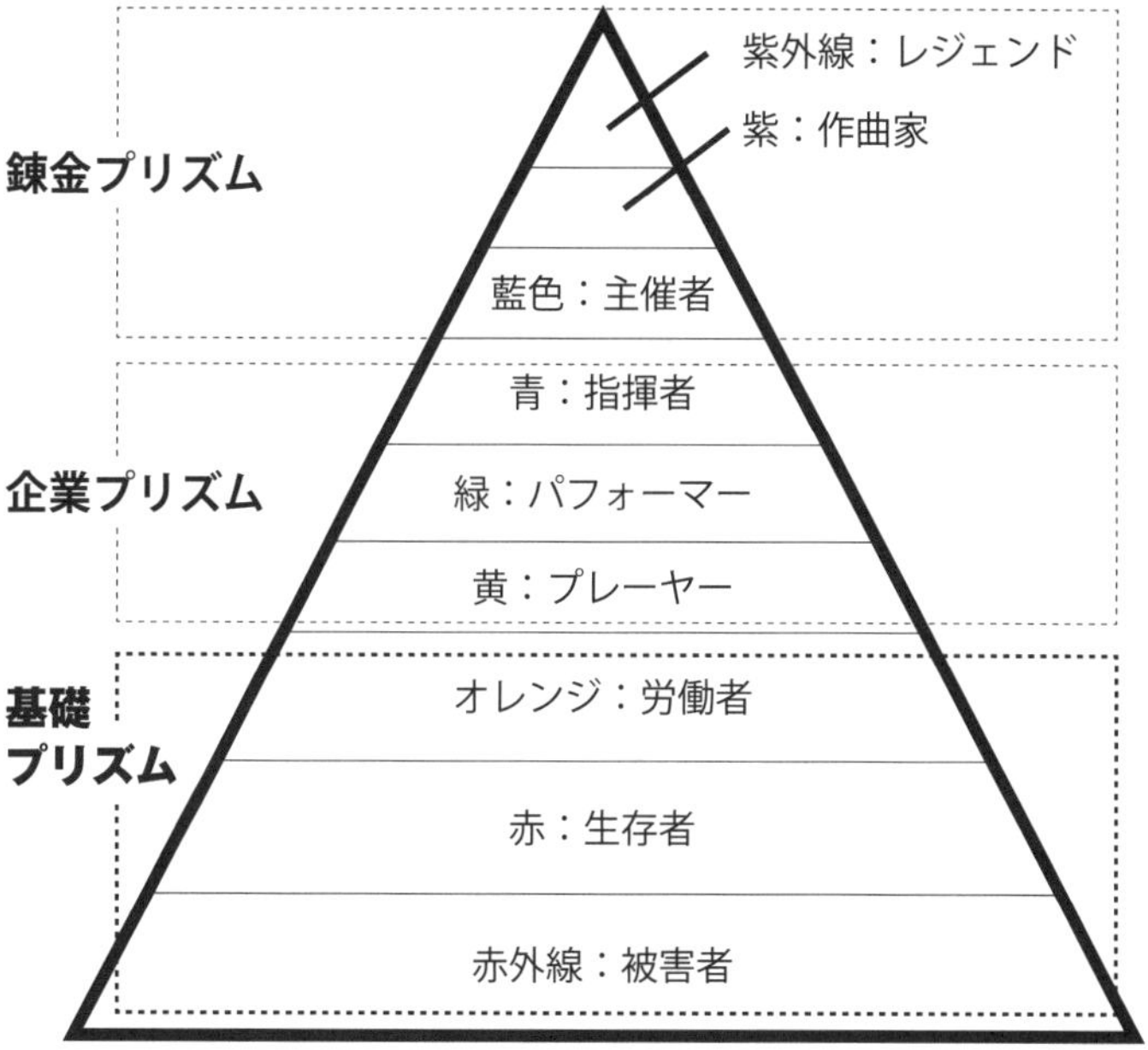

基礎プリズム（個人のフローをマスターする）
企業プリズム（市場のフローをマスターする）
錬金プリズム（世界のフローをマスターする）

まずは本書で
個人のフローをマスターしよう

基礎プリズム（個人のフローをマスターする）
・赤外線レベル（被害者）
・赤レベル（生存者）
・オレンジレベル（労働者）

基礎プリズムの上位レベルである、市場のフローをマスターする「企業プリズム」、世界のフローをマスターする「錬金プリズム」については別の機会に皆さんにご紹介できればと思います。

ミリオネア・マスタープランのテスト結果のうち、あとから届いたほうの結果を見ればあなたの現在のウェルス灯台のレベルがわかります。

自分のレベルがわかると、このあとに続くそのレベルに関する章まで飛ばして読みたくなるでしょう。

もしそうなら、あなたのレベルの章から先に読んでも問題ありません。

そのレベルに関する章では、あなたの周波数とその他3つの周波数に適したステップについて解説をしています。読み終わったら、その他のレベルについても読み、各レベルをつなぐ3つの重要なステップについて理解してください。

そうすることで自分のチームが作りやすくなり、さらに、あなたの周りにいるさまざまなレベルの人（家族、友人、パートナー、顧客）の役に立てる方法もよくわかるでしょう。
あなたのレベルと他のレベルの違いや、あるレベルからその上のレベルに進む際の勝利の方程式となるものが、なぜ別のレベルでは敗北の方程式になってしまうのかという理由もわかるでしょう。

読者の中には自分の現在のレベルを飛ばして、より上のレベルを読みたいと思う人もいるかもしれません。私も読者の立場だったら、きっとそう思うでしょう。

「確かに書いてあることは理解できるし、読む価値はあると思うけど、知りたいのはお金を得る方法なんだ」

そんなふうに思ったかもしれません。
でも、それは飛ばして読まないでください。
赤外線レベルを含む全レベルにおいて自制心が必要です。それは、しっかりした配管システムのようなものです。あなたが１００万ドルを稼ぐつもりなら、自分の配管システムに漏れがないかを確認する必要があります。そうしないと稼いでもすぐに失ってしまうのがおちです。

現に、それは車を差し押さえられたあの日、赤外線レベルにいた私に起こったことなのです。現実から目を背け、赤外線レベルを避けて通りたいと思っていました。

当時は気づいていませんでしたが、企業プリズムを目指していた自分の配管システムのパイプからはどんどん水が漏れてしまっていたのです。表向きは成功しているように見えても、まったく前進していませんでした。


私たちはパイロットに似ています。操縦室で、管制塔からの指示に耳を傾けます。そしてウェルス灯台は管制塔のようなものです。

管制塔からの指示は自分の現在のレベルと周波数次第でかなり違ってきます。レベルが変わると、管制塔から聞こえる声の明瞭さも変わります。レベルが上がると、視界は見えやすくなり、下がると見えにくくなります。

だからこそ、最高のリーダーでさえ、一定のレベルで長い間行き詰まってしまうことがあるのです。次のレベルに上がるために必要なステップを踏み、クォンタムリープを起こさなければレベルアップできません。


よろしいですか？

さて、それではこれから灯台の９つのレベルと３つのプリズムの概要、さらに、それぞれで起こることをざっと見ていきましょう。あなたの現状と目的地について考えながら読んでみてください。

基礎プリズムとは何か？

ウェルス灯台の基礎プリズムでやることは、自分の富に精通することです。

つまり、市場の状況がどうであれ、「**自分の人生を通じて価値とお金の豊かなフローを作り出す能力を得ること**」が目的になります。

基礎プリズムの３つのレベルを登ることで、負債がある状態から、生計が立てられる状態、さらに収支がプラスになる状態へと変わることができます。

世界の人口の大部分はこの３つのレベルのいずれかで懸命に働いています。

そして、レベルアップする方法や高いレベルを維持する方法を知りません。世の中には事業や投資を始めようとして、結果的に前よりも状況を悪くしてしまう人が多くいます。

この３つのレベルで強固な基盤を築く方法を理解すれば、頻繁にレベルが上がったり下がったりすることはないでしょう。

次の３つが基礎プリズムを構成するレベルです。

レベル1　赤外線（被害者）「毎月負債が膨らんでいく」

赤外線レベルにいる人の負債は毎月膨らんでいきます（私がシンガポールで車の差し押さえにあった時のように）。赤外線で感じるのはストレス、不安、混乱などの不快な感情です。

このレベルは自分を見失った人々の世界です。

彼らは自分と世界を結びつけようと奮闘します。それは赤外線ゴーグルをかけて世界を見るようなものです。熱線しか見えません。

あなたが赤外線レベルにいるのなら、それは失業や多額の負債などが原因かもしれません、不動産や事業に必要以上に投資してしまったからかもしれません。事業を売却して何百万ドルもの資産を手に入れても、赤外線レベルに落ちてしまう人はいます。毎月の収入がマイナスだからです。

幸いにも、具体的かつ思い切った行動を起こすことで、誰でも3カ月以内に赤外線レベルを抜け出すことが可能です。

赤外線レベルの戦略では、「漏れがある配管システム」（お金だけでなく時間やエネルギーも漏れているシステム）を「ミリオンダラー」配管システムに変えます。

それがあれば、あなたの努力はすべて成功と充実感につながるでしょう。

赤レベルへと進めば、自分の時間を買い戻し、人生を取り戻し、慢性的なストレスや不安をなくすことができます。こういった行動の大部分は、直感的ではありません（それについてはあとでお話しします）。

赤外線レベルを抜け出すステップを正しく実践すると、そのあとあなたが再び赤外線レベルまで落ちないよう防いでくれます。ですから、このレベルは絶対に飛ばさないでください。

レベル２　赤（生存者）「生活するだけのお金しか稼げない」

赤レベルでは、生活するだけのお金しか稼ぐことができません。給料は現在のライフスタイルを維持するのに辛うじて足りる額です。

あなたがこのレベルにいるなら、それは私が出版事業をやっていた頃のように、全収入を事業の成長のために投資し、自分の富の成長に投資していないからかもしれません。

または、不動産や株に投資して、そこから期待した利益が得られず、なんとかやりくりできる状態なのかもしれません。どんなに稼いでも、稼ぐと同時にお金が消えていきます。

そうするとどうなるでしょう？　まるで頭だけ出して海に浮かんでいるような気持ちにな

るでしょう。

赤レベルから抜け出すためには、まず富づくりの中核にあなた自身を置く必要があります。

重要なのは、自尊心を向上させ、自己否定を減らすことです。

そして、赤外線レベルを抜け出す際に使った勝利の方程式（規律を守る）を手放し、赤レベルを抜け出すための勝利の方程式（最も情熱を感じることに専念する）を使います。そうすることで、収支をプラスにし、毎日の充実感につながるリズムを刻むことができます。

レベル3　オレンジ（労働者）「生活のためにがむしゃらに働く」

オレンジレベルにいる人は生活のために働きます。もしあなたがオレンジレベルにいるのなら、あなたは会社員かもしれませんし、自営業ということもあり得ます。

毎月の収支はプラスですが、お金や仕事を追いかけ回していることに変わりはありません。基礎プリズムの最後にあるこのレベルであなたは、「強い勤労意欲を持っている半面、今の労力をより多くの収入に変える方法はないだろうか？」と考えます。

あなたの勝利の方程式（情熱を持って良い仕事をする）だけでは到底、次のレベルには到達できません。

各レベルで行き詰まってしまう理由

今の仕事を辞められず、起業を夢見ながらも行動を起こさない人を知っていますか？　行動してみたものの、以前の職場で業績につながった勝利の方程式が、起業家に転身したとたん、機能しなくなってしまったという話を聞いたことがありますか？　あるいは、自由を得るために小さな事業を始めたものの、結局休みも取れないほど忙しくなってしまった人を知っていますか？

それでは、あなたの友人にこんな人はいますか？　過去このような状況にいて、そのあと突破口を開き、それまで破れなかった「見えない天井」が嘘のように消えてなくなった、という人。彼らはあとになってから、その過程で自分の考え方と行動が変わったことに気づきます。そしてこんなふうに言うでしょう。

「何かを手放し、新しいルールに従わなければいけなかった。そのルールが新しい行動につながった」

起業の過程では誰もがある状況に陥ります。それまで使ってきた戦略では、どう頑張っても前に進めないという状況です。

車のギアを考えてみてください。アクセルを踏んでもローギアだったら、今よりも速いスピードを出すことができません。

あるレベルから次のレベルにシフトするには今までの勝利の方程式を捨て、新しい方程式を学ぶ必要があります。

言い換えれば、この「車」でより速く進むには、いったんアクセルをゆるめ、ギアチェンジをしなければいけない、ということです。クラッチを切り、エンジンを空回りさせて（わずか数秒でも）、新しいギア（それまで未使用のギア）に入れる必要があります。

あなたは各レベルの概要について読み、なぜ人が一定のレベルから抜け出せないのかを知りました。そのあなたが、自分とは違うレベルにいる友人、知人、家族のことになると、きっとこんなふうに言うのではないでしょうか。

「それと同じことをずっと言おうとしてきたけど、私の話に耳を貸そうとしないんだ」

他人がレベルアップする方法はこれほど単純明快なのに、自分のこととなるとそれが難しく感じられるのは、一体なぜでしょうか？

その理由は、現在いるレベルには「ある一定の自由があるから」です。

私たちは無意識にそれを手放したくないと思います。

基礎プリズムで赤外線レベルの「被害者」だった私は、以前よりも自制心を持って行動すれば赤レベルへと進めることが（頭では）わかっていました。それでも自分のお金と時間の使い方を決める「選択の自由」をあきらめたくはありませんでした。

その自由を捨て、自分を正し、生計を立てるだけのお金を稼げるようになると、ステータスは赤レベルの「生存者」になり、「行動の自由」が手に入ったのです。さらにストレスが減り、ダイナモの周波数を以前よりも活かすことができました。

ところが、その次にあるオレンジレベルの「労働者」になることは、人に対する責任が増えること、人のスケジュールに合わせること、つまり赤レベルで手に入れた「行動の自由」を失うことを意味していました。

しかし、いったんオレンジレベルになると、次元の違う「選択の自由」が得られました。これまでになかったようなチャンスが自分に引き寄せられてきたのです。

その先の黄色レベルのプレーヤーへとさらにレベルアップするには、ニッチに専念しなければならず、それはようやく手に入れた「選択の自由」を手放し、たくさんのチャンスをあえて見過ごすことを意味しました。

企業プリズムに一歩足を踏み入れると、さらに大変です。黄色レベルになると、私は好きなことをやり、好きなところへ行ける「行動の自由」を獲得しました。ティモシー・フェリスが著書『「週4時間」だけ働く。』（青志社刊）で説いているような自由です。

ところが緑レベルのパフォーマーへ移動すればチームを作り、スケジュールを立て、責任を負うことになります。自分が大切にしていた「行動の自由」が失われるのです。

そのあと、私は緑レベルとして、チームを引き寄せるためのリズムとモデルを作ることに専念し、次元の違う「選択の自由」を獲得しました。

その自由は特定の人物に依存しない、継続可能な事業を経営することで得られたのです（その種の自由についてはジム・コリンズの『ビジョナリー・カンパニー２―飛躍の法則』（日経ＢＰ社刊）に詳しく書いてあります）。

そうして私は、大きなチャンスに恵まれるようになりました。しかし、そこから青レベルの指揮者にレベルアップすることは「選択の自由」を捨てることを意味し、自分の裁量でチームメンバーを選んだり、事業の運営の仕方を決めたりできなくなったのです。

その決定権は自分のかわりに経営してくれる人物に委ねなければいけません。その一方で、複数の収入源から、それまでよりもさらに大きな「行動の自由」が得られました。

このレベルに到達すると、次にある衝動に駆られます。

自分の業界や社会貢献活動のために藍色レベルの「主催者」にならなければ、という思いです。そうすると、その業界や社会貢献活動を代表するリーダー、または手本として世間の期待にこたえるために、やっと手に入れた「行動の自由」を手放す意思が本当にあるのかどうか、自問しなければいけません。

すべてのレベルに共通すること

さて、ここまで読んであるパターンに気づきましたか？

ウェルス灯台のルートでは、私たちは「選択の自由」と「行動の自由」の間を行ったり来たりします。そして個人的価値から始まり、個人的レバレッジ、社会的価値、社会的レバレッジへと進んでいきます。

そしてそれぞれのステップでドライバー（運転の仕方は知っているが、車を組み立てられない）とデザイナー（車を設計できる）という２つの役割を交互に担います。

現在のレベルで持っている「行動の自由」や「選択の自由」を手放せば、自分が苦労してやっと手に入れたものを犠牲にすることになってしまいます。

たとえば、赤レベルでは経済的自由に、黄色レベルでは世界中を旅できる自由に魅了されます。そして緑レベルでは自分の遺産を後世に残したい、と思います。

忘れないでください。各レベルでは選択や行動の自由が失われるかもしれませんが、自由それ自体（次のレベルへと進む権利）や自分本来の周波数を活かしながら前進することで得られる心地よさは失われないのです。

あともう一点。あなたは1人ではありません。4つの周波数はそれぞれ独自の道を歩み、レベルアップしていきますが、周波数やレベルにかかわらず、私たちに共通する根本的事実が4つあります。

1．すべての人はウェルススペクトルにあてはまる

私たちはみんなウェルススペクトルの中にいます。ありとあらゆる経済状況（負債がある人から、成功者、国際的な慈善家まで）はウェルススペクトルの9レベルのいずれかに該当し、私たちは誰もがそのどこかにいます。

2．すべてのレベルはつながっている

レベルはすべてつながっています。私たちのレベルは人生を通じて変わります。各レベルは、車のギアのように次のレベルに自然と切り替わるようになっています。9つのレベルと現在のレベルを知れば、運を天に任せるのではなく自分の意思とやり方で成功への道を進む自信が湧いてくるでしょう。

3．レベルが変われば、フローと意識が変わる

あなたの現実はレベルで決まります。各レベルにおけるフローと意識の水準は異なります。レベルが変わるとフローだけでなく意識も変わります。人生で経験する問題やチャンスというのは自分の周波数と現在のレベルに左右されます。このためレベルが変わると、ものの見え方や引き寄せる人も変化しますが、自分の独自性は変わりません。

4．到達したい富のレベルは自分で選ぶ

あなたがいたいレベルはあなたが選びます。自分の富は自分で選べるのです。現在のレベルがわかると、そのレベルにとどまるか、レベルを上げるか、下げるかを選ぶことができます。どの選択肢にも特典と代償があります。

自分の現在のレベルを知れば、次に取る行動に集中できます。あなたはどんな時も必ず９つのレベルのどこかにいることになります。全レベルを見渡すことができれば、自分がどこでプレイしたいか（またはしたくないか）がはっきりします。

それでは、本題に入っていきましょう。

あなたはミリオネア・マスタープランとＧＰＳの基礎知識を得ました。そしてテストを受けたので、自分が誰（どの周波数を持っていて）で、どこにいるのか（スペクトル）を念頭に置いて、ウェルス灯台の中を進んでいくことができ、フューチャービジョンと飛行計画もあります。

準備は完了しました。これから灯台の中を上に進んでいきましょう。

第2章のまとめ

・灯台内には富のレベルが９つあり、それはさらに３つのプリズムに分割される
・１つのレベルで行き詰まってしまう原因は、それ以前にいたレベルで使った古い戦略を使うこと、あるいはまだ到達していない上のレベルの戦略を使っていること
・自分のレベルにあった戦略を使う必要がある

レベル１　赤外線の被害者：毎月負債が膨らんでいく
レベル２　赤の生存者：生活するだけのお金しか稼げない
レベル３　オレンジの労働者：生活のためにがむしゃらに働く

アクションプラン

飛行前チェックリスト：赤外線レベル

このあとの各章の最後には「飛行前チェックリスト」があります。次の章に進む前に、必ずチェックリストの確認をしましょう。

私がこのリストを「飛行前チェックリスト」と呼ぶ理由は、パイロットが離陸前に記入するリストに似ているからです。どんなにキャリアが長いパイロットでもフライトの際は必ずチェックリストに記入するものです。

このリストを利用して、ミリオネア・マスタープランの各レベルのステップを復習し、この見直し作業が習慣になるよう定期的にリストを使ってみてください。

私も毎週、自分のチェックリストに目を通します。最初のレベルから現在のレベルまですべてチェックします。所要時間は10分程度です。毎週、その次の週に向けて瞑想するのですが、このチェックリストはその一部になっています。

以下は一番目の飛行前チェックリストです。第1章からここまでのアクションプラン（フューチャービジョンと飛行計画の作成）を実行済みであれば、次の3つの質問にチェックをつけましょう。

①飛行前チェックリスト：赤外線レベル

1．自分を奮い立たせるようなフューチャービジョンを作成し、それを見えるところに貼り付けた。その内容を常に念頭に置いている。

□**はい**　□**いいえ**

2．自分のフューチャービジョンを達成するための飛行計画があり、個人のマイルストーンと財務のマイルストーンが毎月設定されている。

□**はい**　□**いいえ**

3．自己修正し、飛行計画に沿って進めるよう、フューチャービジョンと飛行計画を見直す習慣がある。

□**はい**　□**いいえ**

第3章

「赤外線レベル」から抜け出す方法

基準：個人の収支が毎月マイナス

感情：苦難、非難、否定

このレベルにとどまる代償：ストレス、不安、無力感

必要なフォーカス： 規律と義務

ここにたどり着いた原因： 注意散漫、知識不足、フローのコントロール不足

レベルアップする方法：お金を測定する、行動を正す、義務を果たす

なぜ、赤外線レベルの人はうまくいかないのか？

あなたには次のような経験はありませんか？

ちょうどいい温度でシャワーを浴びています。するといきなり水が熱湯のように熱くなります。そして、今度は氷水のように冷たくなります。シャワーから飛び出て温度を調節しようとしますが、どうしてもうまくいかない……。

赤外線レベルでは同じことがお金に関して起こります。ここではあなた個人の収支が毎月マイナスになってしまいます。状況から抜け出すには、まず配管を整備する必要があります。

そうすることで物事がある程度予測可能になり、毎週「生存する」ために必要なお金を稼ぎ、赤レベルへと進む方法を学ぶことができます。

赤外線レベルにいる人はその方法を知りません。または知っていると思い込んで、今すぐお金をたくさん稼ごうとしてこんなふうに言います。

「毎週、今よりも100ドル多く稼ごうなんて思いませんね。だって1万ドルかそれ以上

稼ぐことを目標にしているのだから……」

私が出版事業をやっていた当初、まさにそんなふうに考えていました。車を差し押さえられた当時、私は赤外線レベルにいました。会社の収益は多少ありましたが、自分の給料は生活には足りませんでした。それでも自分に言い聞かせました。

「心配なんかしないし、自分の給料を上げるつもりもない。今よりもっと大きなことをやるんだから。車のローンを払うために数千ドル稼げるかどうか心配しなくてもいい。自分は成功するんだ、そんなはした金は必要ない」

私は現実から目を背けていたのです。まさにこれが赤外線レベルの「切断」された状態です。赤外線は目に見える色のスペクトルよりも下にあり、その熱線は目に見えませんが、あなたの内側を徐々にむしばみます。

赤外線ゴーグルをつけると見えるのは熱線だけ。他は全部ぼやけて見えます。基準点になるものがないので、適切な判断をするのがとても難しくなります。

その状態が招く結果は（私があの夜シンガポールで自分の車を持っていかれるのを目の当たりにした際に学んだように）、収支のマイナスだけではありません。

赤外線レベルが命取りである理由

赤外線レベルを大変緊迫した状況にするのは、日常的に発生するストレス、パニック、そして不確実性です。

私は、赤外線レベルに落ちるたびに疲労困憊し、愚痴っぽくなり、些細なことにも批判的になりました。人に自分のアイデアを正当化する必要性をより強く感じるようになりました。

これこそ赤外線レベルが「被害者」と呼ばれる理由です。

成功して自尊心を満たすことができないので、批判したり、意見したり、アイデアを考えたりして気を紛らわそうとします。

または、うなだれてひたすら働きます。それ以外に生計を立てる手段が考えられないからです。そのようにして、人からもらえる時間が以前よりも少なくなり、それまで引き寄せられたような機会も巡ってこなくなります。

ですから、赤外線レベルの唯一の目標は、「**なんとしてでも自分をポジティブな領域へ持っていくこと**」です。自己コントロールや確実性を得ることなしに赤レベルへと進む方法はありません。

赤外線レベルにいる人は、私と同じ理由で今の給料が生活費に足りなかったり、失業していたり、医療費や負債など、金銭面で大きな障害を抱えていたりする場合が多いのです。しかし、赤外線レベルにいても、表向きには成功しているように見える人もいます。

現在あなたが失業中でも数百万ドルのポートフォリオがあったとしても、個人の収支が毎月マイナスになるなら、あなたは赤外線レベルです。

継続可能な富を築くために、あなたが真っ先に取りかからなければいけないのは、収支を安定させることです。

変わることを決意し、自分の気を散らすものを減らし、さらに自分の周波数に従えば、３つのステップを踏むことで、３カ月またはもっと早く赤外線レベルを抜け出せます。そのステップは、あなたのお金、時間そして人間関係と関係があります。

赤外線レベルを抜け出す３つのステップ

このあとに続くエピソードからもわかるように、自分の周波数の戦略を活用することで、それぞれ自分にとって一番自然なやり方で、赤外線レベルを抜け出します。

1. お金を測定する

入ってくるお金と出ていくお金の内訳はどうなっていますか？

あなた個人のお金の流れは？

ステップ1では自分のお金の流れだけでなく、時間と意識の流れもしっかりコントロールできるようにします。灯台の上のレベルから赤外線レベルまで落ちてしまった人は、以前自分がいたレベルの名残となるものをすべて手放す努力が必要です。

2. 行動を正す

習慣を変えるには、日々の規範を変えなければいけません。このステップのポイントは、自分の信頼性と一貫性の向上に全力を注ぐことです。フローを変えるには、自分の問題を単独で解決しようとするかわりに、市場のフローの中にいる人々とつながることが必要です。

3. 義務を果たす

自分という存在よりも大きな「厳格な義務」がなければ、状況は一向に改善しないでしょうし、あなたが変化を起こす責任を自分に強いなければ、何も変わらないでしょう。

情熱を追いかけている場合ではありません。世界を救おうと奔走する時でもありません。**赤外線レベルの人は、「他人」のことより、まず「自分」のことを優先すべきなのです。**

これから4つの周波数を持つ人たちが実際に踏んだステップについてお話しします。あなたの周波数に関係なく、まずダイナモの例を読んでください。シンガポールでのあの出来事のあと、私に何が起きたのかがわかります。

さらに、私がその他3つの周波数の人たちが赤外線レベルから抜け出せるよう、私がどうアドバイスをしたのかもご覧ください。

ダイナモの後、あなたの周波数のセクションまで飛ばして読んでもかまいませんが、4つすべての周波数のセクションを必ず読み、それぞれの戦略がどう異なるのか理解してください。

ダイナモの人が赤外線レベルを抜け出す道

ダイナモの人に共通するのは、過剰な楽観主義であり、それは私が赤外線レベルで経験した最大の障害でした。ダイナモタイプは生まれつき楽観主義です。

「明日になったら状況は良くなる」

「お金はいつでも借りられる」

「まだ蓄えがあるから大丈夫。問題は自然に解決するから心配しなくてもいい」


それが私の口癖でした。

今考えると「（自分はいずれ成功するのだから）車のローンのために、今よりも500ドルかそれ以上、多く稼ぐ必要はない」と言うのは、「いずれ船を買うのだから泳げなくてもいい」と言うようなものです。


ダイナモの周波数を持つということは、車のアクセルがあるようなものです。ただし、アクセルだけであり、ブレーキ、クラッチ、ギアはありません。

ダイナモの人は物事を小さく考えることが好きではなく、常に次に大当たりしそうなものを目指します。

実際、私もありとあらゆることを試しました。自分には創造力があるからいつでも新しいものを創造できる、そう確信していました。

シンガポールで出版事業をやっていた当時は、会社に全財産を投じました。苦境から抜け出すために一生懸命アクセルを踏みましたが、現実にはギアをローに入れてエンジンを吹かしていたようなものです。

赤外線レベルにいるにもかかわらず、必要のないことに多額のお金をつぎ込み、それが収益アップにつながると期待していました。負けられない賭けをし続け、当然の結果、負け続けました。

結局のところ、私のやり方はすべて間違っていたのです。

そう気づいた私が何をしたと思いますか？

まず「何をやるか」ではなく、「何をやめるか」を決めました。

赤外線レベルを抜け出すために「やるべきではないこと」をリストアップした、それだけです。次に、「赤外線レベルを抜け出す方法」についてお話しします。あなたが私と同じダイナモタイプなら、これがあなたの道です。

ダイナモの人が赤外線レベルを抜け出すステップ1：お金を測定する

やってはいけないこと

自分のビッグなアイデアにすべてのお金とリソースを投資すること。リソースはすべてアイデアではなく、まず自分の収入に向ける、何か大きなことへの投資は保留して、収支をプラスに保とうと努力することを優先してください。

やるべきこと

自分の収支を増やすことを「フューチャービジョン」に盛り込み、お金を測定すること。周りからサポートを得て、小さくても着実なステップを踏み、走り出す前にまずマイルストーンを設定すること。

私の場合、フューチャービジョンを書き出してみて初めて、自分にとって一番大切なものは家族であり、苦労して経営していた会社ではないと気づきました。

「自分は今までなんてことをしてきたんだろう」

そして、自分が書いたものを妻に見せました。彼女は思わず泣き出し、私も涙をこらえきれませんでした。

それがきっかけで妻も私も「もうたくさんだ」と心から言うことができ、私たちは「飛行計画」を作成しました。そして、わが家の収支がプラスになるように毎月と四半期のマイルストーンを具体的に設定しました。

それは過去に自分がやってきたこと、つまり達成できないような目標を追いかけることとは正反対でした。

さて、１つ問題があります。ダイナモの人は我慢するのがあまり得意ではありません。詳細を見たり日常経費を把握するのが楽しい、ということはまずありません。

そこで私がやった対処は、テンポの人を見つけ、数字を読むのを手伝ってもらうことでした。ラッキーなことに、妻レナータの周波数がテンポだったのです。

彼女は子育てに専念する前は病院で働いていました。結婚して初めて、妻に自分の財政管理を手伝ってくれないかと頼みました。

ありがたいことに、あなたの周波数がなんであれ、あなたをサポートしてくれる人は必ずいます。まずやるべきことはチームの構築なのです。

しかしこれには条件があります。明確なプランを作成し、それをチームに誠意を持って説明することです。

お金がない場合は、私のように家族の力を借りてはどうでしょうか。

家族や知り合いにテンポの人がいないなら、異なる「周波数の人の時間」をネット上で交換してみてください。

たとえばテンポやスチールの人が作成した事業計画についてクリエイティブな評価をする見返りとして、帳簿の整理を手伝ってもらいましょう（スチールとテンポの人はダイナモの人から創造的なインプット、ブレイズの人からは人脈を広げるアイデアを得ることができます）。

もしくは、シェアオフィスを借りてみてはどうでしょうか？　シェアオフィスでは意見交換を通じて、起業家精神を高め合うことができます。「助けてくれる人がいない」とか「時間がない」というのは言い訳にすぎません。


さて、私はレナータと一緒にチームとして、お金の問題を個人的な問題から事業の問題に変えました。

まず、向こう3カ月で経費をやりくりする方法と自分の給料がアップする方法を考えました。さらに友人の中に経理を手伝ってくれるようなスチールの人がいないか探しました。そして（このあと詳しくお話ししますが）、どうしたらレナータがテンポの強みを発揮してお金を稼げるか考えました。同時に私は売り上げを伸ばす術を思索しました。

これら一切の行動は過去に自分がやっていたこととはかけ離れていました。自分だけの力ですべてをやろうとしたり、売り上げを伸ばそうとしたりして奔走するのをやめました。新しいことを始めることもやめました。生活に見合う収入を得て、赤レベルに進めるよう、レナータと一緒に事業を見直しました。そして、それこそ私たちが次のステップ2で実践したことでした。

ダイナモの人が赤外線レベルを抜け出すステップ２：行動を正す

やってはいけないこと

事業を始めて副収入を得ようとすること。自分の最高のアイデアに専念するには時期尚早です。それは支流を作るのではなく、穴を掘るような行為です。

やるべきこと

自分のアイデアよりも、より優れ、確立されたアイデアがある人の役に立つこと。すでに灯台の高いレベルに到達し、フローの中にいる人のために働けば、そのフローが自分のほうにも流れてくるでしょう。しかしながら、そのためのエネルギーを使い果たしてしまうのを防ぐリズムが必要です。毎日、毎週、毎月のリズムを作りましょう。

世の中には、自分の事業を始める価値を熱く語る本や専門家やテレビ番組が氾濫しています。ところが、そのすべてが前提にしていることは、事業が軌道に乗るまで、あなたは十分な資金を持っている、ということです。

「事業を始めようと思っているんだけど、実は財政管理の仕方がまだよくわからない」と言うのは、「飛行訓練を受けずに飛行機を操縦しようと思う」と言うのと同じことです。それでは恐らく離陸できないでしょう。

これは特にダイナモの人にありがちな傾向です。**ダイナモの人は現実よりもはるかに早く成功できると思っています。その結果、稼いでも必ずそれよりも速いスピードでお金を使ってしまうのです。**

さて、私はこの第2のステップで何をしたでしょうか？

そう、フォーカスを変えたのです。自分がやっていることを発展させるのではなく、強化することを重視しました。

自分の小さなチームが、私の収入アップに向けた明快なプランをもとに、お金の測定をし、同時に私が冷静でいられるよう、毎日と毎週のリズムを設定してくれました。

事業を通じて自分が必要としていた収支を生み出す方法を集中的に考えると、自社の出版物の価格に目がいきました。そして、自分の収入を増やし、同時に顧客により良いサービスを提供できるよう、価格を上げることにしたのです。

自分のチームには「今後はもっと収益性が高く、支払いも早い顧客を重視する方針だ」と伝えました。彼らは実際にそんな顧客を獲得してきました。

そうやって、1カ月もたたないうちに、私は赤外線レベルを抜け出していました。気づくと自分の周りが大きく変化していました。

ストレスはなくなり、支払いに困ることはなくなりました。また、以前とはまったく違う仕事や人を引き寄せるようになりました。自信を持って仕事をする意気込みがあったからです。そして何より、自分の時間と人生を取り戻すことができました。

読者の中には、「もともと事業をやっていたからそんなにうまくいったんだ」と思う人もいるかもしれません。

では、もしあなたが会社員だったらどうすればいいでしょうか？　失業中だったら？　さすがに「御社が求めている周波数を私は持っています。ぜひ採用してください！」とは言えないでしょう。

ではどうすれば収入を増やせるでしょうか？

実は、赤外線レベルを抜け出すための「ギア」が4つあります。そしてこのギアは所有している資産と経営状態または雇用状態によって変わってきます（詳細はこの章の最後で説明します）。

私の場合、黄色のプレーヤーの道（「セカンドギア」）を選びました。

事業を手がけていたので、それを利用して収支を生み出すことができました。

しかし、基礎プリズムの道（「ローギア」）も経験したことがあります。

あなたが現在、会社員または失業中なら、これがあなたの道です。ところで私はこの基礎プリズムの道をよく知っています。なぜなら、さかのぼるとさらに3年前、赤外線レベルに落ちていたからです。しかも、当時は赤外線レベルを抜け出すために使えるような事業がありませんでした。

シンガポールでの日々からさらに3年さかのぼります。

当時、私はロンドンに住んでおり、一番初めの事業をたたみ、次に大当たりしそうなものを探していました。前の事業からの莫大な借金を抱え、赤外線レベルで身動きできない状態でした。私はダイナモですから、そんな状況にいても、どうにか切り抜けられると思っていました。

ちょうどその頃、自分のメンターに出会い、さまざまなアドバイスをもらったのですが、すぐさま聞き流しました。それどころか、私はそれがきっかけで、コンサルタントになりたいと思うようになったのです。

「自分が起業家として学んだ多くのことを人に教えることができる！」

そう思いました。そこで、地元の経営者を支援するサービスを提供することにし、地元の新聞に広告を出すため、妻と私の口座にあったお金をすべて（1000ドル程度）つぎ込みました。

その広告は1日限りで掲載され、私はひたすら電話が鳴るのを待ちました。電話が鳴ったのは一度きり。依頼主は地元の配管工でした。私からのアドバイスはとても気に入ってくれましたが、私よりも深く赤外線レベルにはまっており、結局、報酬は払ってもらえませんでした。

私は思いました。

「自分は起業家には向いていないのかもしれない」

自暴自棄になり、希望を失いかけていました。

当時、レナータは生活を支えるために病院で働いていました。私は彼女に、あともう少しすればお金が入ってくると言い続けました。ところがある日、私の目を覚ますようなことが起こりました。

レナータが妊娠したのです。「子供が生まれる」。それは人生でも最も幸せであり、同時に最も不安な体験でした。それがきっかけでこう思いました。

「起業家のふり」をするのはもうやめよう、と。

行動を正す時が来たのです。私に必要だったのは、すでにフローの中にいる人のために働き、ダイナモの周波数を活かせるような役割でした。

そうしなければ、単に自分の時間をお金と交換することになります。自分には創造力があることがわかっていたので、いい商品を作れると思っていました。

私が最初に取った行動は、知り合いの中ですでにフローの中にいる人すべてと彼らがやっていることをリスト化することでした。そしてこう考えました。

「彼らのうちフローの中にいる人を知っている人はいるだろうか？」
「誰に自分の創造力を提供して歩合制で報酬を得られるだろうか？」

その当時、まだ新しかったインターネットに興味があった私は、友人に業界に知り合いがいないかどうか聞いて回りました。

実際に面会できる見込みがあり、かつ自分が価値をもたらすことができそうな人を探しました。いろいろなことが重なり、私はある新規立ち上げ企業のオフィスを訪ねました。デル社の元幹部2人が創業した会社です。彼らはストックオプションで得た株を持っており、アップル社とマイクロソフト社と共同でベンチャー事業に出資していました。

「ぜひ一緒に仕事をさせてください」

すると、採用はしていない、という答えが返ってきたので、こんな提案をしました。

「わかりました。それでは1週間ほどオフィスでお手伝いをさせてもらえないでしょうか？　1週間後に、具体的にどんなふうにお役に立てるか報告します。売り上げに貢献できるかもしれませんし、御社の戦略で何か見過ごされていることがあれば、見つけることができるかもしれません。お役に立てなくても、御社にとって損はないと思います」

これはダイナモの人が得意とすること、つまり、お金があるところへ行って、お金を稼ぐ方法を見つけることです。

相手はこれに興味を示し、私は足がかりを得ました。そのあとの1週間、セールスチームを観察し、チームの売り上げアップに貢献できる方法を見つけました。

その方法とは、既存顧客向けに新たに商品ラインアップを導入することでした。その方法で新しく顧客を開拓することもできました。最終的にそのアイデアが気に入ってもらえ、歩合制で働けることになりました。

これが、私の言う「行動を正す」です。

私は自分のアイデアのためだけではなく、人の事業のために全力で働きました。そして、そこから得られるのは生活するためのお金であり、大金を稼ぐのが目的ではないと自覚していました。
それから1カ月もたたないうちに、その会社からセールス部署での仕事のオファーをもらい、赤外線レベルを抜け出すことができました。
さらに、翌年には幹部に昇格し、私はオンラインのビジネスについて学び始めることになったのです。そして、そこまでたどり着けたのは、次の3つ目のステップがあったからでした。

ダイナモの人が赤外線レベルを抜け出すステップ3：義務を果たす

やってはいけないこと

あなたのビッグなアイデアを支援してくれるよう人に売り込もうとすること。

やるべきこと

自分と自分の成功よりも大きなものに対して責任を持つこと。

赤外線レベルにいる人の多くは、自分の義務を果たしていると思っています。実際、私もそうでした。しかし、より大きな目的のために物を犠牲にするのと、自分の考え方を犠牲にするのとではまったく次元が異なります。

義務を果たすのは、自分よりも何か大きなものに対して責任を持つことです。その対象が自分よりも大きくなければ、昔のやり方に戻ってしまうでしょう。

ロンドンでもシンガポールでもそうでしたが、赤外線レベルにいた時、自分を変えるきっかけになったのは劇的なことでした。具体的には、家族に対する責任です。

想像してみてください。あなたの大切な人が手術のため至急お金を必要としていますが、あなたにはそのお金がありません。自分に考え方を変えるよう強制してでも、お金を工面しますか？

これが「義務を果たす」が意味することです。

つまり、自分の現在の活動や専念していることよりも、人に対する責任を果たすことを優先することです。これまで、長い間収入アップできない人々（赤外線レベルに限らず）を見てきました。

彼らは収入を増やすことをあきらめていたのですが、家族のためにお金を工面しなければいけない状況になったとたん、収入を増やす方法を見つけることができたのです。

もちろん、あなたの現状は違うかもしれません。あなたには仕事や事業からもっと多くの収入を得たり、または第2の収入源を確保できるかもしれません。

しかし、そういったことは今考えることではありません。現時点で重要なことは、あなたの周波数を利用して、赤外線レベルを抜け出すことです。

義務を果たすことは、どんな周波数の人にとっても赤外線中毒を断つ究極の方法です。そして、その義務というのは自分個人よりも大きなものに対する義務でなければいけません。

赤外線レベルへ戻らないためには、3つすべてのステップに継続的に従い、同じ失敗を繰り返さないことが必要なのです。

私の話に戻りますが、ロンドンを去ったあと、これを継続できず、再び赤外線レベルまで落ちてしまいました。しかし、シンガポールでの出来事以降は赤外線レベルへ戻ったことは一度もありません。なぜならフューチャービジョンを作成し、それを心に刻み、この3ステップを踏むことに専念したからです。

だからといって、それ以降手がけた事業で損失を出したこと、失敗したことがないわけではありません。実際にそんなこともありましたし、現在でも試行錯誤する時があります。

それでも、私の個人の「配管システム」は、市場や私の事業のフローに関係なく、流れ続けています。

今の私にとって自分の「義務を果たす」ことは、毎週日曜の晩に翌週の準備をすることです。フューチャービジョンを読んで確認し、飛行前のチェックリストに目を通し、理想的な1週間のイメージを作ります。

ブレイズの人が赤外線レベルを抜け出す道

仮に私の周波数がブレイズだとします。

私はどんなやり方で赤外線レベルを抜け出すと思いますか?

まずやるべきでないことは、本を読んで自分のお金を管理する方法を学んだり、会計の達人になろうとしたりすることです。

ブレイズの人にとって数字を追うほど退屈なことはありません。そしてダイナモの人と同じように、過程を楽しみたいと思っています。

違うのは自分のアイデアよりも、人に気を取られることです。ブレイズの人はどこへ行ってもパーティーの主役です。

ですから、勝利の方程式は「人脈」、そして「人間関係」ということになります。

しかし、これが敗北の方程式になることもあります。人に気を取られると、自分がやっていることにチャンスが巡ってきても、逃してしまうことがあるのです。

あなたが赤外線レベルにいるブレイズなら、選べないほど多くのチャンスに囲まれているはずです。そして、雑音が多すぎて、やりたいこともできないような状況にいることでしょう。

人脈を広げることで忙しくしていても、晩に帰宅してマイナスの収支のことを考え、自分はひとりぼっちだ、と感じる日々なのではないでしょうか。

2年半前にメンタリングを通じて出会った、ラスティカ・ラムはまさにこのような状況にいました。

ラスティカはブレイズの人です。当時、ニュージーランドからバリに移住し、子供を私の子供たちと同じ「グリーン・スクール」に入れました。仕事を辞め、1学期間バリに住むことにしたものの、収入がなく、そのままの状態を続けることはできないと自覚していました。

赤外線レベルにどっぷり浸かっており、抜け出す方法を探していました。

彼女と私は、まずフューチャービジョンの作成から取りかかりました。彼女はその頃盛り上がりを見せていたオンライン教育にかかわりたいと思っており、こう書きました。

オンライン教育業界でリーダーとなり、どこででも仕事ができるライフスタイル。そして、バリでの生活と子供の教育費を十分まかなえる収入がある。

彼女にはそれを実現する方法はわからなかったものの、実現すると信じていました。ただ、大きな問題がありました。彼女は自分の周波数には合わないダイナモの戦略でEラーニング関連事業を始めようとしていたのです。彼女は事業をスタートさせようとして長いこと苦労していましたが、あることに気づいていませんでした。

ブレイズの人がフローの中に入るには、「何」をやるかではなく、「誰」と一緒にビジネスをするかを考えなくてはいけないのです。メンタリングの早い段階で、私は彼女にすべてを変えるようアドバイスしました。

次が、彼女がブレイズの道を歩んで赤外線レベルを抜け出した方法です。

ブレイズの人が赤外線レベルを抜け出すステップ１：お金を測定する

やってはいけないこと

お金について考えないこと。そして、問題はいずれ解決すると思い、自分の情熱に従う

こと。

自分の収支を着実に増やすことをフューチャービジョンに盛り込むこと。

やるべきこと

どうすればブレイズの人は簡単にお金を測定できるでしょうか？

何よりもまず、お金を使ってしまってから、お金の計算をしようとしないことです。世の中には、ブレイズの人にぴったりの銀行のサービスがあります。月初めにお金をどこに払うかあらかじめ指定することができるサービスです。自動振替を利用し、事前に必要なお金が必要なところへいくよう設定しましょう。

複雑な表計算ソフトが必要ないような計画を立てましょう。

ラスティカはさっそくお金の測定に取りかかりました。

そして、赤外線レベルから抜け出すために必要な具体的な金額を計算しました（まずは2000ドル）。私は彼女がチームを結成できるよう助け、会計士1人と友人1人が協力してくれることになりました。

彼女は3カ月以内に赤外線レベルから抜け出すことを目標にしてマイルストーンを設定

し、毎週のチームミーティングを通じて、自分が必要なことを実行するような体制を作りました。

新しい目標を立ててみると、あることがわかりました。Eラーニングの新規事業からは差し当たり必要な収支を得るのが難しい、ということです。自然と彼女は次のステップへと進むことになります。

ブレイズの人が赤外線レベルを抜け出すステップ2：行動を正す

やってはいけないこと

赤外線レベルを抜け出す目的で自分の事業を始めること。それは時期尚早です。知り合った人から勧められた手法で複数の収入源を得ようとしたり、多種多様な手法に惑わされたりしないようにしましょう。

やるべきこと

友人や知人で、すでにフローの中にいる人（またはそんな人を知っている人）を探し、その人の事業を加速させるため、自分のエネルギーと人脈を役立てること。

あなたは「複数の収入源を持つことの必要性を説く本」を読んだことがありますか？

しかし、これはあなたよりも、もっと上のレベルにいて、収支がプラスであり、自分のチームをサポート、リードできる人を対象に書かれた本なのです。ブレイズの人の中にはこんなふうに言う人がいます。

「マーケティングの仕事をしながら、株の取引もやって、さらに不動産を購入するつもりです」

そんなことはやめましょう。ブレイズの人に限らず、赤外線レベルにいる人すべてがそんなことに手を出す時期ではなく、考えるべきではありません。

そんなことをしても時間の支流（流れ）がどんどん少なく、そして細くなるだけ。時間を分割し、あなたを支援してくれる友人を混乱させるのはやめましょう。

それでは彼らも、必要なお金を生み出せるよう、あなたを助けることができません。

私はラスティカにアドバイスしました。

「信用できる知人や友人の中で、社交的な人材を求めていそうな人のリストを作ってください」

これはブレイズの人にとっては簡単なことです。ラスティカは、友人や知人に、ニュージーランドでの自分の人脈を最大限に活用したいと思っている、と伝えました。

すると、ある人物が「人材紹介会社の事業拡大を手伝ってくれないか?」と彼女に打診してきました。彼女は、Eラーニングと研修の分野に専念できることを条件に、そのオファーを受けることにしました。

これで、彼女は収入を得ながら、同時に自分の独自性を築くことができます。また、歩合制で働くことを提案しました。

私がイギリスでやったことに似ていましたが、彼女は私よりも一枚上手でした。

その会社の子会社として新たに研修事業を立ち上げる予定があることを知った彼女は、その事業にかかわり、事業を成功させることができたあかつきには、その子会社の所有権を獲得できるよう交渉したのです。

私はダイナモの才能で新しい戦略と機会を創造しました。

一方ラスティカはブレイズの才能で人間関係やヘッドハンティングを通じて人脈を広げました。

彼女はニュージーランドに戻り、仕事を始めました。そして、冷静さと集中力を保てるようなリズムを設定し、Eラーニングのコミュニティで人脈を広げ始め、必要な収支を手に入れたのです。

ブレイズの人が赤外線レベルを抜け出すステップ3：義務を果たす

やってはいけないこと

人脈を広げることに専念するあまり、無報酬で人を助けること。

やるべきこと

自分をやる気にさせ、正しい方向に導いてくれるような高い目的を持つこと。その達成のために義務を果たすことに専念しましょう。

ブレイズの人は、人から好かれたいと思うあまり、赤外線レベルにとどまる傾向があります。自分よりもまず他人を手伝ってしまうからです。

友人を助けないほうがいい、ということではなく、自分にとって有益なやり方で助けましょう、ということです。

自分を正しい方向へ導いてくれるチームを持ち、毎週話し合う時間を持ちましょう。チームメンバーは2人かもしれません。4人または5人かもしれません。チームリーダーを決め、フォローアップしましょう。

自分以外の人に対して責任を持つほうがあなたのためになります。スチールの人には数字の管理を担当してもらい、そのお返しとして、人脈やサポートを提供しましょう。３つのステップをチームに説明しましょう。成功したら一緒に祝いましょう。

このような戦略に専念すれば、目標達成には何カ月もかからないでしょう。特にラスティカのようなブレイズの人の場合はなおさらです。

彼女は、自分の強みが活かせる仕事からの収入源にフォーカスし、自分の周波数の才能を活かすことで、あっという間に赤外線レベルから抜け出しました。

あなたが、誰かのフローの一部になるためにその人のもとで働く際は、絶対に「自分の事業から一歩遠ざかってしまった」とは思わないでください。現にその人は、あなたが事業を興した際にあなたを支援してくれるかもしれないのです。

そして何よりも重要なのは、自分のことや自分が手に入れたいものだけに集中せず、義務を果たす、ということです。これはラスティカのケースにも当てはまります。彼女は家族のためになることを実行しました。それが最優先でした。

ラスティカは赤外線レベルから抜け出して３カ月もたたないうちに、仕事で築いた人脈を利用して、ニュージーランドでEラーニングの会議を開催することを計画しました。専門家から参加の約束を取りつけ、国内のEラーニング関連の協会や団体からの協力も確保し、著名な専門家と定評のある組織を結びつけることに成功しました。

研修と人材紹介の会社での上級管理職という立場があったことで、その会議を実現させるために必要な信用を得ることができたのです。

ニュージーランドに帰国してからわずか8カ月後、彼女は自分が引き寄せたチームと協力して、その会議を成功させました。

そのあとはEラーニング事業をスタートさせ、人材紹介部門のチームを結成し、全国規模の企業とEラーニングのコンサルティング契約を結びました。さらに2013年末には家族と一緒にバリに戻り、1年前にイメージした収入、自由そして人生を手に入れたのです。

彼女は事業をスタートさせようとして長いこと苦労していましたが、あることに気づいていませんでした。

それは、**ブレイズの人がフローに入るには、「何」をやるかではなく、「誰」と一緒にビジネスをするかを考えなくてはいけないということ**です。

テンポの人が赤外線レベルを抜け出す道

次はテンポの道です。前述のとおり、私の妻・レナータの周波数はテンポです。お話ししたように、車を差し押さえられたあと、彼女と私はチームとして赤外線レベルを抜け出せるよう努力しました。彼女に私の事業が抱えている課題と現状について詳しく説明すると、自分も力になりたいと言いました。

彼女にも自分なりの夢や進みたい道があったので、私がやったように、自分のフューチャービジョンを作成しました。

思い出してみてください。テンポはダイナモの対極にあります。

彼女の強みは私の弱みであり、彼女の弱みは私の強みです。ダイナモの人が「雲に頭を突っ込んでいる（非現実的）」のに対し、テンポの人は地に足がついています。私が凧を高く飛ばすには、レナータが糸をしっかり握るしか方法はありませんでした。

テンポの人は決断すること、愛着があるものを手放すことに時間がかかります。

ダイナモの人は、テンポよりも早くお金を稼げる（そして使う）のに対し、テンポの人にはダイナモの人のような新しいアイデアが詰まった「やることリスト」はなく、お金を稼ぐ方法を見つけるのに苦労します。

そして、テンポの人の強みは、ダイナモやブレイズの人ほど速いスピードでお金を使わないこと、出ていくお金の流れに対してより慎重なことです。

すなわち課題は中に入ってくるお金の流れを大きくすることです。

テンポの人が赤外線レベルを抜け出すステップ１：お金を測定する

やってはいけないこと

友人が勧めてくれたから、という理由でもうけ話に飛びつくこと。また、お金をより早く稼ぐために一定のシステムに従うこと。たとえば、株取引、不動産投資、オンライン・マーケティングなど。そういったことに手を出すのは時期尚早です。

やるべきこと

予算を組む際は、フューチャービジョンを考慮したうえで見通しを立てること。それができたら、最も簡単かつ確実な道を歩みながら赤外線レベルを抜け出すのに必要なお金を生み出せるよう、チームの助けを借りましょう。

テンポの人はダイナモの人のように、何かを創造できると思っていません。しかし、タイミングにかけては飛び抜けたセンスがあるため、誰かが何かを勧めてくると、それに魅了されてしまうことがあります。

しかし、今はそんなことにお金を使う時ではありません。そんなことにお金を使えば、必要な収支が得られず、資産は豊富にあるが収入が足りない、という状況に陥ってしまいます。

テンポの人はチームに、ダイナモかブレイズの人を迎え、お金を稼ぐのに最も簡単な方法へと導いてもらったほうがいいでしょう。

妻と私がチームとして最初にミーティングをした際、レナータはお金を稼ぎたいけれど、どうすればいいかわからない、と言いました。

そこで、さまざまな可能性について考えてみました。病院で働く？　時間的な制約があるので難しい。管理職？　あまり楽しそうじゃない。不動産関係？　それこそ、彼女が興味のあることでした。そこで、関心のある分野を1つに絞り、次のステップ2へと進みました。

テンポの人が赤外線レベルを抜け出すステップ2：行動を正す

やってはいけないこと

必要なお金につながらない活動で自分を忙しくし、時間をつぎ込み、間違った達成感を得ること。

やるべきこと

天性の強みである信頼性と奉仕の心を活かして、フローのあるチームのために役立ち、その見返りとして十分な報酬を得ることに徹すること。最も創造力のある友人、または最も人脈のある友人の力を借りましょう。

テンポの人は作業の中心にいる時に最大の力を発揮します。テンポの人にとっては信頼性の高いサービス、ケア、そして行動がすべてです。

当時のレナータは自分で自分を忙しくしており、外に出てお金を稼ぐことができませんでした。テンポはダイナモの人のようにリスクを好みません。そして、具体的な行動やベストな手段がある程度はっきりするまでは行動を起こしません。

だからこそ、ダイナモの人と一緒に活動することで、必要な方向性を得ることができます。

レナータが不動産に興味があること（そして、まだ不動産投資にお金をつぎ込む時ではないこと）を知った私は、不動産業界で収入を得るには何ができるか彼女と一緒に考えました。

レナータにはテンポの周波数があり（そして、当時子供が生まれたばかりだったので）

シンガポールに親しい友人がたくさんいました。

その誰もが物件を借りており、2年ごとに引っ越していました。不動産エージェントとして友人の新居探しを手伝えないだろうか？　そう考え、よく調べてみると、赤外線レベルから抜け出すために必要な収支を得るには年間たった4件成約すればいいことがわかりました。

そこで、レナータを私の不動産関連雑誌の最大の顧客に紹介しました。彼は、デニス・ウィーという不動産業者で、エージェントを対象に、優れたトレーニングを提供していました。会社側はレナータを温かく迎えてくれました。

彼女は自分自身、そして家族に合ったスケジュールを設定したので、不動産エージェントとして仕事を始められるよう、トレーニングを受ける時間を確保できました。

その結果ですが、6カ月以内に自分が設定したターゲットを超える成約件数を達成しました。

さらに、エージェントとしてかなり成功したので、シンガポールにいる外国人に的を絞った、エキスパット・レンタル社を立ち上げました。同社は外国人顧客に特化した賃貸業者として、今では国内で一、二を争うまでになったのです。

テンポの人が赤外線レベルを抜け出すステップ3：義務を果たす

やってはいけないこと

外部とのコンタクトを避けて、自分の活動に没頭すること。

やるべきこと

今よりも大きな義務を果たすことに集中できるよう、自分を支えてくれるチームを結成し、人とのつながりを得ること。

テンポはブレイズの人ほど外向的ではありません。1人でいる時間のほうがどちらかといえば多く、人からのサポートがない時間のほうが多いことを意味します。

あなたがテンポの人なら、表計算ソフトを使いこなし、すでに経費の計算をしているのではないでしょうか？

ブレイズの人とは違いテンポの人には、何かを実現するためにグループを必要としない半面、自分がフォーカスできるよう協力し、難しい決断をする際に支えになってくれるチームが必要ということです。

さらに、ダイナモの人やブレイズの人と同様、赤外線レベルを抜け出すには自分より何か大きな目的が必要です。自分1人なら、赤外線レベルにいることで受ける苦痛に耐えられますが、自分の行動のせいで人が苦しむのを見過ごすことはできないものです。

レナータと私の場合、現実と向き合うことが、赤外線レベルから抜け出し、再び戻らないために必要不可欠でした。多くの場合、協力してくれるのは家族や親しい友人です。それが家族、友人、またはそれ以外の人でも、1つ注意してください。その相手はフローの中にいて、人脈がある人でなければいけません。

逆境から見事に返り咲いたという話をよく耳にします。苦難を経験したからこそ現実と向き合うことができた、とよく言いますが、これは偶然ではありません。妻と私があの頃、新たに始めた習慣や導入したシステムは、現在でも生きています。

義務を果たすことでレナータはある種《たね》を植え、それが彼女だけでなく私の夢の実現にもつながりました。彼女が不動産の仕事から得た経験のおかげで、私たちは世界各国に不動産を所有するようになりました。今、この本を書いているバリにあるリゾートを含めて！

スチールの人が赤外線レベルを抜け出す道

2011年、フローからほど遠いところにいた、ある夫婦と出会いました。リサ・レインとラックラン・レインは、太陽光発電式のヒーターの販売をオーストラリア国内で始めたところでした。ところが景気が悪く、さらに事業に全財産をつぎ込んでしまった結果、赤外線レベルまで落ちてしまいました。

レナータと私のケースと同様、事業からのストレスにより、夫婦関係を悪化させていました。結婚生活を守るために、彼らはあることを自問しました。

「このまま一緒に働くべきかどうか？　そして、これ以上事業を続けていく気があるか？」

ラックランの周波数はスチール、リサの周波数はダイナモでした。

そして、ちょうど子供が生まれたところでした。慎重派であるスチールの周波数を持つラックランのアプローチは古典的な「俺が決断する」というものでしたが、それに対し、ダイナモのリサは「わかったわ。でも具体的に何を？」と切り返しました。

しかし、スチールのラックランが、創造的で未来志向的なダイナモのリサに、返事をすることはできませんでした。

彼は業界と事業の先行きに悲観的でしたが、変わることを断固として拒みました。「これからも努力するだけだ」そう言う彼に対し、リサは「わかったわ。でも、これをしてみたらどうかしら？」と提案し、ラックランは彼女に、「自分のやり方を勘ぐるのはやめてくれ」と言うのでした。

これが彼らと出会った当時の状況です。その時点で彼らは状況を変えなければいけないことを自覚していました。

そこで、私たちはフューチャービジョンの作成から取りかかることにしました。ビジョンを作成して、すぐにはっきりしたことがありました。それは可能な限り２人で一緒に働き、そして、世界を変えるような新しい事業を始めたいということでした（その時点でそれが何かはわかりませんでしたが）。

次が、ラックランがスチールの才能を活用して、リサとともに赤外線レベルを抜け出すために踏んだステップです。

スチールの人が赤外線レベルを抜け出すステップ1：お金を測定する

やってはいけないこと

他人のやり方を批判、否定し、それを理由に行動を起こさないこと。

やるべきこと

自分の分析力を最大限に発揮して、フューチャービジョンにもとづいた財務計画を立てること。チームがその達成のためにあなたに協力したい、と思える内容にしてください。

スチールの人は4つの周波数のうち、最も深い熟考力と分析力を持ちます。赤外線レベルを抜け出す3つのステップは、スチールの人にとっては常識の範囲ですが、具体的な行動について考えるのは信じられないほど難しいことなのです。

常にもっといいやり方があるように思え、際限なくリスクやデメリットについて考えてしまうからです。

赤外線レベルにいるスチールの人にとって、お金をためることは簡単です。

問題は、収入を増やすことです。ダイナモとブレイズの人は、アイデアと人を結びつけることができるので、もともと金を稼ぐことが得意です。ところが、お金を使わないことは苦手です。

テンポとスチールの人はお金を使わないことや、どこにお金があるのか計算するのはとても得意ですが、アクセルを踏むのは苦手です。

ラックランのように、赤外線レベルにいるスチールの人のほとんどには集計表や予算がある半面、マイナスの資産や給料の安い仕事にしがみついて、決断できずにいます。さらに大きな損失につながるのではないかと不安で仕方ないのです。

スチールの人が必要とするのは、その決断の仕方を知っている人とつながることです。スチールの価値はコスト削減の能力です（もしその能力があなたにあるなら、売り上げではなく、利益に貢献し、歩合制で報酬を得てはどうでしょうか？）。

ラックランの場合、やらなければいけないことはただ１つ、食卓の反対側に座っているダイナモの人と理解し合うことでした。

彼とリサは、赤外線レベルを抜け出すためのチームを結成し、財務計画を練りました。収支を大きく変える必要があり、彼らにはその具体的な方法がまだわかりませんでした。

しかし、財務計画を立てたことで、その次のステップへと進むことができました。

スチールの人が赤外線レベルを抜け出すステップ2：行動を正す

やってはいけないこと

分析することで前進して自分1人で物事を成長させようとするあまり、詳細に時間の大半を割くこと。

やるべきこと

人からの協力を得てフローを見つけること。自分が正しい方向に進み、ポジティブでいられるようなリズムをチームと一緒に作り、自分のほうにフローを向けてくれることができる人に能力を提供しましょう。

スチールの人はアクセルのかわりにブレーキを踏みます。そして、物事を内面化しようとします（前進する前に物事を完璧な状態にしておきたいと考えてしまう）。

ラックランとリサが自分の周波数（スチールとダイナモ）について知ると、一緒に働く方法（そしてイライラの原因）がすぐにわかりました。

彼らはまずリズムを作り、自分の時間の8割を既存の事業の収支を目標まで引き上げることに、残りの２割を新しいビジネスを夢見ることに使いました。
リサは一連のプロモーションを行うことで、収益を上げることに専念し、ラックランは仕入れ先に支払い期間を伸ばしてもらうよう交渉しました。彼らは優先事項を事業の成長から、事業の効率性と質に変えました。

その結果ですが、チームの規模を縮小することで給料コストを、紹介を増やすことでマーケティングコストを下げることに成功しました。収益は変わりませんでしたが、赤外線レベルを抜け出すために必要なお金が手に入り、将来のプランを立てる余裕ができました。

スチールの人が赤外線レベルを抜け出すステップ３：義務を果たす

やってはいけないこと

問題を解決しようとする過程で、周りの人とのつながりを断つこと。

やるべきこと

誰か（誰でもいいので）に対して責任を持つこと。フローを取り戻せるよう、行動的なリーダーか社交的な人と組み、自分自身よりも大きなものに対する責任を果たしましょう。

スチールの人は赤外線レベルにいると、物事を単独でやろうとして孤立し、そのうえ収支を改善する方法を知りません。

赤外線レベルでは、テンポとブレイズの人が人や活動に夢中になってしまうのに対し、ダイナモとスチールの人は、常に物事を単独でやろうとします。

しかし、それではラッククランのようなスチールの人（または私のようなダイナモの人）は自分が必要としている支援を自ら断つことになります。

私はラッククランとリサが、フューチャービジョンを作成できるよう協力しました。そのビジョンには1年後、問題を解決し、経済的な余裕ができた彼らがワクワクするような、理想的な人生を送っている様子が描かれていました。私は尋ねました。

「1年後、何をしていますか？　そして、今と何が変わっていますか？」

彼らはこう答えました。

「もちろん、1年後も2人で一緒に働いていて、環境保護につながる事業にかかわっています。それは自分たちが熱意を持って取り組める、世の中の家族を支援する事業です」

フューチャービジョンを作成したあとは、その未来を実現できるよう、毎週と毎日のリズムを設定しました。さらに、私は毎日自分にしている8つの質問について彼らに説明しました。その質問があるからこそ、私は毎日、ストレスを感じないで1日をスタートできます。

ラックランとリサは、事業に振り回されるかわりに、世の中の役に立つ事業を追求することで、自信を持ち、2人の絆を強めることができました。また、経営に関連する難しい決断をしやすくなりました。

その後数カ月のうちに、彼らは新しい事業内容を決めました。リサにはたくさんアイデアがありましたが、私たちはその中から、「エコリジナルズ」を選びました。環境意識の高い家族向けに、オーストラリア国内で初のエコに徹したオムツを提供する会社です。

ラックランとリサにとって「義務を果たす」ことは、自分たち家族を含め、国内の他のたくさんの家族に対し責任を持つというミッションになりました。

開業に先立ち、新事業は何千人ものファンを引き寄せ、何千件という先行予約を獲得しました。そして、コンテナいっぱいの商品がオーストラリアに向けて初出荷されました。彼らと出会ってからまだ2年もたっていませんでした。

さて、赤外線レベルを抜け出せば、ハッピーエンドが待っていると思いますか？

いいえ、旅は続きます。ラックランとリサはレナータと私と同じように、その後も楽しいことも苦しいことも経験しています。私たちはみんな人間です。

灯台のレベルを上げていくことは、航海することに似ています。波は大きくなります。成功と試練の両方が大きくなります。それでもフローが大きくなれば（風が帆を膨らますように）、より簡単に波間を進むことができます。

そして、旅路でお金や時間が必要になれば、手に入れることができるのです。

赤外線レベルから抜け出すための4つのギア

あなたの健康状態と同様、自分の富のフローの状態がわからなければ、それを回復させることはまずできません。赤外線レベルにいることは、配管システムに漏れがあるようなものです。どんなに稼いでも、必ずお金が消えていきます。お金を測定することは、その漏れをなくし、あなたの収支プランを「ミリオンダラー」配管システムに変えてくれます。

ここで、エクササイズをやってみましょう。

今日から2週間でどうにかしてお金を稼がなければいけないとします。

そのお金があれば、あなた個人の収支が増えます。時給の仕事を見つけることもできますし、あなたが事業をやっているなら、そこからお金を稼ぐこともできるかもしれません。副業も可能です。やり方はあなた次第です。

2週間という時間で達成できる可能性すべてについて考えてみましょう。

どのくらい稼げる自信がありますか？

10ドル？　100ドル？　自信がある限り、ゼロを増やしてください。1000ドル稼げますか？　1万ドル？　10万ドル？

最近、あるグループとこのエクササイズをやってみました。

半分の人が1000ドルまで手を上げましたが、そこからだんだん手が上がらなくなりました。みんな1000ドルは稼げると思っていたようですが、100ドル稼ぐことを考えていた人は、1人もいませんでした。

100ドルに価値がないと考えているわけではありません。100万ドル稼ぐことを目標にしているから、100ドル程度のお金にはかまっていられないだけです。

しかし、本当に大事なことは、「富豪になる方法」を知ることではないのです。もし100ドル稼ぐ方法を知っているなら、それをさらに1000ドルにする方法を発見すること、それが肝心なのです。

その1000ドルを稼ぐ術こそ、今のあなたが見つけなければいけないことです。もし毎週今よりも500ドル多く稼ぐことができれば、あなたは生活費をまかない、収支をプラスマイナスゼロにし、赤の生存者レベルへと進むことができますか？

これは、赤外線レベルにいるほとんどの人には十分な額でしょう。だからこそ、周波数に関係なく、赤外線レベルを抜け出す道というのは必ず、次の問いに答えることから始まるのです。

「毎月の収支がマイナスにならないようにするには、具体的にいくら必要だろうか？」

その額は人によっては、わずか200ドル、または数千ドルかもしれません。
いずれにせよ、その具体的な額を知ることが赤外線レベルから抜け出す第一歩なのです。
その一歩を踏み出すことで、自分のマイナスの収支、そしてストレスから最速で抜け出すことに専念できます。
あなたにとって、それはいくらですか？

その額がわかったら、今度はこんな質問をしてください。

出費を減らすことで、その額をカバーする方法はあるだろうか？
（永遠にではありません。赤レベルに到達するまでです）

これは時間を節約し、前進するため、そして、ストレスや不安が少ない状態で物事を違う視点から見るために必要不可欠なステップです。

では、どれくらい早くそれを実現できますか？

いったんその金額を把握し、それを辛うじてカバーできるところまで出費を減らすことができれば、これまでに登場した、赤外線レベルにいた４人がどうやってその金額を稼ぐ方法を見つけたのかが理解しやすくなるでしょう。

赤外線レベルを抜け出す方法は４つあります。

どのギアを選ぶかは、赤外線レベルに落ちる前のあなたの状況によって変わってきます。

４つのギアはオレンジから青までのレベルと関連があります。

オレンジレベル戦略（ローギア）

もしあなたに自分の事業、チーム、または売り払えるようなマイナスの資産がない場合は、このギアを使いましょう。

出費を減らし、赤外線レベルを抜け出すために必要なお金を稼げるような仕事を得ましょう。すぐにでも転職活動を始めなければいけないとか、楽しめないような仕事や、低賃金の仕事でもしなければいけない、というわけではありません。

このあとの第4章で、あなたの周波数と情熱に合う仕事を見つける方法や、（誰かが自分を選んでくれるのを待つのではなく）自らチームを選ぶ方法について説明します（これはラスティカとレナータが使ったギアです）。

黄色レベル戦略（セカンドギア）

もし、あなたが自営業を営んでいるのなら、収益や利益につながるようなプロモーションの仕方を知っているでしょう。

あなた個人のポケットに直接十分な収入が入ってくるようにプロモーションを行えば、赤外線レベルから抜け出せます。

最も多くの収支を生み出す方法に専念しましょう。あっという間に赤外線レベルを抜け出せるでしょう（これは私、ラックランとリサが使ったギアです）。

緑レベル戦略（サードギア）

もしあなたが経営者で自分の事業を手がけており、あなた個人のポケットにお金が流れ込むよう自分のチームを活用する方法を知っているなら、速やかに変化を起こすことで、速いスピードで赤外線レベルを抜け出すことができるでしょう。

その方法とは、単に事業にお金を残すかわりに、あなたの給料を増やすことかもしれません。単純に聞こえますが、実践してみてください。

銀行口座にプラスの変化があれば、あなたのエネルギーもプラスになるでしょう。

青レベル戦略（トップギア）

もしあなたに複数の資産または負債がある場合、赤外線レベルを抜け出す方法は単にその資産や負債を整理することです。

たとえば、毎月コストがかかる不動産を売ったり、あなた個人の出費がかさむ原因になっている事業をたたんだりすることです。

また、借り換え等の手段を検討し、負債の返済方法を見直しましょう。一度にすべてを返済するのではなく、まずは毎月の収支を黒字化しましょう。今は資産の価値が上がることを期待したり、事業や持ち家について感傷的になったりする時ではありません。

戦略を決めたら、赤外線レベルを抜け出して、赤レベルとその先へ進むためのステップを踏み、必要な行動を起こし始めましょう。

なんらかの理由で、前に進めなくなり、今より500ドルまたは1000ドル多く稼ぐ方法がわからなくても、心配しないでください！

このあとの章で、あなたにフローを向けることができる人を特定し、彼らとつながるための段階的なエクササイズを行います。

今はただ、あなたの収支を改善させるためにできる最小限のことに専念し、お金を測定するため、次のステップを踏み、計画とスケジュールを立ててください。

まず、「何」と「いつ」に全力を注ぎましょう。「誰」と「どうやって」はそれからです。

ところで、この章を読んでいるあなたの収支がプラスでも、まずはこの3ステップに取り組んでください。そうすれば、赤外線レベルに落ちることがないよう、強固な基礎を築くことができるでしょう。

成功するにつれ、自分自身の財政状況を把握することを忘れがちになります。

現在の私の富があるのは、赤外線レベルにいる際に実践した戦略のおかげです。だからこそ、これが4つの周波数に共通する第一歩なのです。

その戦略とは、お金を測定し、3カ月ごとに収支を増やすことです。

第一歩は、赤外線レベルを抜け出すために必要な金額を知ることです。

赤外線レベルから赤レベルへと移動する際は、あなたの富を測定し、成長させるリズムを作りましょう。そして、それは最初の1ドルから始めてください。

あなたの口座に毎年数百万ドルものお金が流れ込む日もその1ドルから始まるのです。

第3章のまとめ

・赤外線レベルは、雑音とストレスの世界
・赤外線レベルは、抜け出すことを最優先すべき
・3つのステップを踏んで赤外線を抜け出すことが可能
（①お金を測定する　②行動を正す　③義務を果たす）
・各周波数は独自の戦略で3つのステップを踏む
・赤外線レベルを抜け出すためのギアは4つある

飛行前チェックリスト：赤レベル

仕事に取りかかる前に、収支が毎月プラスになるよう、あなた個人の財務のマイルストーンを決めなければいけません。

この章の最後でエクササイズを1つ紹介します（「あなたの周波数に合う空間をデザインしよう」）。

その前に次のチェックリストに「はい」か「いいえ」でチェックをつけてください。9つすべてにチェックがつけば、あなたは赤外線レベルから抜け出し、再び落ちないために必要な「配管システム」を構築したことになります。

①お金を測定する

1. 自分の財務を毎月把握できるシステムがあり、毎月の純利益がわかっている。

□ **はい** □ **いいえ**

2. 自分の毎月の財政の予想値と実測値を記録し、進捗状況を把握できるようなシンプルな仕組みがある。

□ **はい** □ **いいえ**

3．自分の財政状況を把握できるよう銀行口座を設定している。また評価システムがある。

□ **はい** □ **いいえ**

②行動を正す

1．自分の人間関係、環境、空間、そして移動をフローに沿い続けながら、全力を発揮できるような形にデザインしてある。

□ **はい** □ **いいえ**

2．バランスを維持し、自分を奮い立たせることができるよう、毎週、毎月、毎年、自分の時間と活動をスケジューリングしている。

□ **はい** □ **いいえ**

3．心、身体、精神を活性化し、健康と活力を維持するための毎日のリズムがある。

□ はい　□ いいえ

③義務を果たす

1．飛行計画に合う活動を最優先している。毎日その活動に全力を注いでいる。

□ はい　□ いいえ

2．自分の気を散らすものと自分の感情の両方をしっかりコントロールしている。自分が自分の道を進めるよう支えてくれる人たちが周りにいる。

□ はい　□ いいえ

3．必要な答えや支援を自ら求めるようにしている。先行きが不透明な状況でも行動する勇気がある。

□ はい　□ いいえ

アクションプラン

あなたの周波数に合う空間をデザインしよう

各レベルでお金を測定するカギは、時間とお金を管理するために、あなたの周波数に適合するリズムを作ることです。

そして、そのリズムはあなたに活力を与え、あなたの集中力を上げ、あなたのフローを維持し、さらに他の周波数の空間も尊重するものでなければいけません。

私たちはすべての周波数を少しずつ持っています。その中で特に優勢な周波数こそ、私たちの成功の道であり、あなたの才能です。

私のダイナモの周波数の道は創造力を使うことですが、その道を歩むからといって、私が持っている他の周波数をないがしろにすることは許されません。つまり、私のようなダイナモの人はこんなふうに言うべきではありません。

「自分には創造力があるから、創造する以外のことはやる必要はないんだ。人と話す必要や、数字のことを心配する必要はない」

仮に私が、毎週と毎月、自分の財務チームと「スチールの時間」を持たない場合、どこかで何かを見落として、せっかく作ったリズムを失ってしまいます。

私は「スチール」の空間に足を踏み入れると、「スチール・ロジャー」になります。それは私の生来の周波数ではありませんが、自分が持っているわずかなスチールの周波数を使うことで、細部へのこだわりを持ち、無鉄砲な思考を抑えることができます。

必要な時間はわずか1時間。その時間内で自分の全事業のあらゆる数字を把握します。それが可能な理由は、1時間で終わるよう時間をデザインしてあるからです。

さて、あなたはこれまでに「時間管理のテクニック」を使ったことがありますか？

その中には、今でも役に立っているものもあるかもしれません。これまでの経験から私が一番厄介だと思うのは、常にごくわずかな時間内で過剰な量をこなそうとすることです。

それを変えるコツは、「いつ」やるかだけでなく、「どこで」やるかも合わせて考えることです。

たとえば、机に向かって自分の財務を把握しようとします。その最中に電話が鳴るので、その対応をしながら、そのつど机に向かいます。これでは、同じ場所で氷を作り、お湯を沸かそうとしているようなものです。

これでは1つの状態から別の状態になるだけのために膨大なエネルギーが消費されてしまいます。もちろん、ストレスも発生します。

バリにある私のリゾートには、私がデザインした周波数ごとの別棟が5つあり、それぞれ異なるエネルギーを作り出します。

創造的なこと（「何？」）、人と会うこと（「誰？」）、計画を見直すこと（「いつ？」）、データを分析すること（「どうやって？」）、あるいは自分のビジョンについてじっくり考えること（「なぜ？」）に合わせて空間を選び、そのエネルギーに最適な空間の中に肉体的に移動し、そこで過ごす曜日と時間を決めています。

第1章で説明した5つの周波数（4つの周波数とそれを結びつける第5の「スピリット」の周波数）を使う曜日、さらに場所と時間帯も決めて毎週そのスケジュールに沿うようにしましょう。あなたの周波数は水曜日に使いましょう。

そうすれば安定感が生まれ、そこからの1週間が自然な形で流れるようになるでしょう。

たとえば、あなたの周波数がダイナモなら、水曜日をあなたの「ダイナモデー」に、木曜日を「ブレイズデー」に、というように決めてください。

私は次のように設定しています。

ダイナモの空間

これはブレインストーミングをして、創作的な文章を書き、新しいアイデアを考え、「何？」という問いに答えるための空間です。

壁にメモや資料などを貼り付け、全体像が見えるような空間にしています。ここにいる間は電話や携帯メールを受けないように設定し、ソーシャルメディアも使いません。詳細なことに夢中にならないよう、気を散らすものを避けています。

ブレイズの空間

これは人と会話し、メールの返信をし、電話の応対をし、「誰？」という問いに答えるための空間です。

ここでは、あらゆる連絡先がすぐ手の届くところにあります。大切な人の写真やフォローが必要な会話やスレッドの付箋もあります。ここを会話の空間にしており、ここでは夢想することや、仕事の優先順位などについて考えることは控えています。

テンポの空間

これは気持ちを落ち着け、現実的になり、チームメンバーと計画を立て、顧客の話に耳

を傾けるための空間です。

ここでは「いつ？」と「どこで？」がすべてです。これは何かを宣伝する空間でも、何かを売る空間でもありません。ケアとサービスを提供し、人にかかわる活動をする空間です。ここには、過剰にポジティブ、またはネガティブなエネルギーが入り込まないようにしています。

スチールの空間

これは詳細に集中し、静かな時間を過ごし、「どうやって？」という問いに集中するための空間です。

ここには財務資料が保管されており、どんなファイルにも簡単にアクセスできるようにしています。邪魔なものはすべて締め出し、携帯やEメールなども持ち込まないようにしています。ここでは批判することをいとわず、批判も受けるようにしています。

スピリットの空間

これはインスピレーションを得て、より高い目的や、より大きなミッションについて熟考するための空間です。

ここでは一息ついて、心の内から笑顔になれます。私は毎朝、スピリットの空間で1日をスタートさせます。そして、自分を高めるために設定した8つの質問を自問します。

あなたの心、身体、精神のスタンダードを毎日効果的にデザインするためには、どんな環境が作れますか？

あなたが会社員でも、子育てで忙しくても、最高の自分を引き出すために、自分の時間と空間をやりくりする方法は必ずあります。

その空間が決まったら、スケジュールを立て、それを守ってください。

第４章

「赤レベル」から抜け出す方法

基準：ゼロ（毎月の収支がプラスマイナスゼロ）

感情：不安、ストレス、安堵

このレベルにとどまる代償：疲労困憊、あきらめ、繰り返しの人生

必要なフォーカス：情熱と人間関係

ここにたどり着いた原因：苛立ち、気を散らすもの、条件付け

レベルアップする方法：情熱を見つける、スタンダードを決める、フローに沿う

「富の階段」を登るか、落ちるか

赤レベルは一番下（赤外線レベル）から1つ上のレベルにすぎません。しかし、赤外線レベルとはまったく違う感じがします。

私はこれまで何度か赤外線レベルから赤レベルに上がりましたが、その時は毎月の支払いができるようになっただけで、一気に肩の荷が下りた気分になりました。

不安を感じることや心配することがなくなり、自尊心がある程度芽生え、人生を再び楽しむことを自分に許しました。ポジティブな態度で人と付き合うことができ、以前のように意見したり、愚痴を言ったり、批判したりする必要を感じなくなりました。

私の感情は全般的にポジティブでしたが、最初はダイナモとしてやりたいようにやりたいという誘惑もありました。お金を失う心配がなくなると今度は、「さらに早くお金を稼げるような商品やサービスを作り出せないだろうか?」と考え始め、また赤外線レベルに戻ってしまいました。

ですから赤レベルでは、いい感情が湧いてくる一方で、次のような選択を迫られます。

富への階段をそのまま一段ずつ登り続けるか、富に一気に手が届くようトランポリンの上でジャンプするか。そして、赤レベルに舞い戻るか、もしくは赤外線レベルまで再び転落してしまうかなのです。

生活するだけのお金しか稼げない

あなたが赤レベルにいる理由としては、さまざまな事柄が考えられます。自分自身の富や健康よりも、仕事や事業に専念しているからかもしれませんし、稼いだだけ使う習慣があるか、投資にお金がいくようになっており、お金のフローを味わうことができないのかもしれません。両親、妻、夫の支援のおかげでここにいるのかもしれませんし、今の仕事の収入が低く、収入を増やす方法を知らないのかもしれません。

あなたの状況、年齢、事業の業績、現在赤レベルにいる理由に関係なく、あなたは「生存者」です。余分に稼いだお金は、投資ではなく、生活することや、体裁を保ち、（無理をしてでも）見栄を張ることに使われるからです。

あなたはもう溺れてはいませんが、まだ水中で一人浮かんでいる状態です。配管の中を水が流れており、蛇口も据え付けてあるのに、蛇口の栓がない状態です。生活にやっと足りるだけの収入があり、たまには贅沢もできるかもしれませんし、臨時収入もあるかもしれませんが、それはあなた個人の富を成長させることよりも、自分の気をそらすことにつながっています。

結果、お金を株や、不動産や、何かビッグなアイデアに投資して「勝ちに出る」ことができるような気がしますが、このレベルで何度トライしても、最終的にはまたゼロに戻ってしまいます。

自分のアイデア、事業、株、不動産に投資すること自体は間違っていません。ただ、それは赤レベルでは持続できないのです。このレベルでは週単位で生活費をやりくりし、短期間の意思決定しかできません。そしてそれが、さらに上へと進めないことに対する苛立ちや無力感につながります。

だからこそ、赤レベルの感情は、安堵、そしてあきらめなのです。先ほど例に挙げたように、赤レベルにとどまることはトランポリンの上にいるようなものです。

今よりも高くジャンプできるかもしれませんし、かなりの高さまで行けるかもしれません。しかし、高い位置にとどまることはできず、最終的には今いるところまで落下してしまいます。オレンジ、またはそれ以上のレベルに到達するには（本当の意味で富を築くためには）「ジャンプする」のではなく、一段ずつ「登る」必要があるのです。

実はミリオンダラー達成のためのステップは、たった10しかありません。

私はそのステップを実際に踏んだので、間違いありません。あなたも自分の才能を使って、この10のステップを踏むことができます。

あなたは赤外線レベルを抜け出したところです。これから10ステップの最初のステップが始まります。

ミリオンダラーへの10のステップ

恥ずかしい話ですが、私がシンガポールで車を差し押さえられたあと、赤外線レベルを抜け出すために使った計画は、実は私のメンター（富豪）が、それよりもさらに何年も前に教えてくれたものです。

ある日、私はメンターに会い、自分の事業に関してアドバイスを求めました。ところが、思い上がっていた自分は、そのアドバイスに耳を傾けようとはしませんでした。

当時、私はロンドンに住んでいて、出版事業を手がけていましたが、お金を稼ぐのに苦労していました。そんな時、生まれて初めて正真正銘の富豪に会うチャンスに恵まれました。

私は意気込んでメンターに事業について説明し、商品戦略やパートナーシップや人事に関する質問を書いたリストを読み上げました。興奮して立て続けに質問する私を遮り、彼はこう尋ねました。

「君はどれくらい長いこと赤字を出しているのかね？」

「起業してからまだ3年ですから……」

私は利益がないことを説明しようとしました。

「事業のことではなくて、君のことだよ。君自身の状況はどうなんだね？」

私は「メンターはどうして僕の財政が赤字だとわかったんだろう？」と不思議に思いました。

これはシンガポールへ行く前、まだミリオネア・マスタープランについて理解していない頃の出来事だったので、私は自分がどれほど赤外線レベルの熱線を発していたのかに気づいていませんでした。

収支がプラスにならない理由

「それはどういう意味ですか？」

「君は毎月いくら自分の投資ポートフォリオに投資しているのかね？」

「いえいえ、自分には投資ポートフォリオ自体がないんです。自分は投資家ではなく起業家ですから、お金はすべて事業のために使っています」

彼は困惑して言いました。

「アドバイスが必要なら、まず収支をプラスにして、投資ポートフォリオを作りなさい。君が自分自身に投資する気がないのなら、私も君に自分の時間を投資することはできない」

そう言って彼は立ちあがり、その場を去ろうとしました。私は思わず叫びました。

「待ってください！　申し訳ありません。失礼をお詫びします。そんなつもりじゃなかったんです」

すっかり狼狽して謝りました。

「どうか力を貸してください。何をすればいいんでしょうか？」

メンターは立ち止まり、再び腰を下ろしました。

「君の事業の収支がプラス（手元に現金がある状態）にならないのは、君自身がまず個人収支をプラスにしようとしていないからだ。本気で富を築き、価値のある存在になりたいなら、まず自分のことから始めなさい」

私は持っていた質問のリストをしまいながら言いました。

「飲み込みは早いほうです。何をすればいいんでしょうか？」

「まず、月末までに、前の月よりも100ドル多く稼ぎなさい」

彼は笑顔を見せ、こう続けました。

「使うお金よりも収入を100ドルだけ増やしなさい。ただそれだけだよ」

メンターをまた苛立たせたくなかったので、できるだけ猜疑心を顔に出さないようにして言いました。

「それなら、すぐにでもできます。毎週の出費を少し減らせばいいだけですから」

メンターは「簡単だろう」と言いました。

私は言葉に詰まり、「本当にそれだけなんだろうか？」と不思議に思いました。

「そのあとはどうすればいいですか？」

「今度はそれを倍の200ドルにしなさい。それができたら、また金額を倍にするんだ」

「400ドルですか？」と聞くと彼は頷きました。

「3カ月目にですか？」

「それは君次第だ。期間は自分で決めなさい」

「400ドルを蓄えることが、どうして富や事業の利益につながるんですか？」

「まず、そうして金額を倍にすることを10回やると何が起こるか考えてみたまえ」
そう言われたので、金額を書き出してみました。

ステップ1：200ドル
ステップ2：400ドル
ステップ3：800ドル
ステップ4：1600ドル
ステップ5：3200ドル
ステップ6：6400ドル
ステップ7：1万2800ドル
ステップ8：2万5600ドル
ステップ9：5万1200ドル
ステップ10：10万2400ドル

仮に、私の毎月の収支が10万2400ドルであれば、年間10カ月働けば年収は100万ドルになります。毎月の収支を増やしていくだけで、毎年100万ドルが手に入ることになります。

しかし、それは途方もないことのように思え、私は首をかしげて言いました。

「一生懸命働いて、売り上げを増やし、給料を上げれば毎月800ドル、うまくいけば1600ドル多く稼ぐのは可能だと思います。でも、2万5000ドルをわずか1カ月で倍にする方法を自分が考え出せるとは思えません。それが今からたった10カ月後の話なら、なおさらです！」

「まず1つ言えるのは、上に上がれば上がるほど、上に上がることが簡単になる。それから、金額を増やすペースは必ずしも月単位である必要はない。毎月ではなく毎年だったらどうだね？　10年後だったら、毎月5万ドルを毎月10万ドルにする方法を見つけられると思うかね？」

私は考えてみました。当時22歳だったので、32歳というのは、はるか未来のことのように感じられ、かなり老けた自分を想像してしまいました。

「はい！　絶対にもっと早く達成できると思います」

「毎月なら早すぎて、毎年なら遅すぎる。つまり問題は100万ドルを達成できるかどうかではなく、それがいつになるか、ということだ」

メンターと話したあとの私はやる気に満ちていました。しかしそれ以降、車が差し押さえられたあの日までそのことをすっかり忘れてしまいました。

運命的なあの夜に私が立てた計画には、メンターが教えてくれた、あの10ステップ戦略をついに実行に移すことが含まれていました。

自分の純利益を3カ月ごとに倍にできれば、全ステップを2年半で踏むことができることがわかりました。うまくいくかもしれないし、30カ月間の実験は結局失敗に終わるかもしれませんでした。

これを赤レベルで始めることは誰にでもできます。やることは1つ。現在やっていることを「発展させる」か「強化する」かのどちらかを選択するしかありません。

私の場合、すでにあるものを強化し、改善するかわりに、発展させること、つまり事業を大きくすることに専念していました。

その違いについて説明します。

私が事業を発展させていた時は、利益ではなく売り上げを増やしていました。強化していた時は、すでに所有していたものに注目し、どうすればそこからさらにより多くの利益を出せるかを考えました。

「どうすれば上得意客からもっと利益を得られるだろう？毎週少しでも多く稼ぐためには、どうやったらこのプロセスの効率を上げられるだろう？どんな工夫をすればいいのだろう？」

その後、私に何が起こり、どうやって「階段」を登ったのかは、これ以降の章で詳しくお話ししますが、簡単に説明すると、私は3カ月ごとに収入を増やし、その額をさらに大きくする「新しい方法」を次々に考え出したのです。

私は6カ月後、100万ドルへの最初の2ステップを踏みました。**そして、会社を成長させることではなく、利益に専念しただけで、400ドルの収支を達成することができました。**

収支がプラスに転じ、さらに黒字化し続け、収入も増えると、私はさらなるチャンスを探し始めました。そして2年目には、お金に対する感情はかなり変化し、その後、ベンチャー投資会社を立ち上げ、発展させました。高い自己資本配当率が見込める不動産に投資しました。

自分のフローが大きくなるにつれて、考え方も大きくなりました。そして、約3年かかってしまいましたが、私の収支はついに100万ドルに達したのです。

私が赤外線レベルから赤レベル、そしてさらにその先へ進めたのは、メンターのあの10のステップの考え方のおかげです。

あなたの月の収支を100ドル増やし、それをさらに倍にし、赤レベルよりも上を目指して100万ドルへの最初の一歩を踏み出すには、何カ月かかると思いますか？

その答えが出たら、次の3つのステップを踏み、トランポリンから下りて、オレンジレベルとその先を目指して一歩一歩登り始めましょう。

赤レベルからオレンジレベルへの3つのステップ

ウェルス灯台のどのレベルにおいても、4つの周波数はそれぞれ自分にとって自然なやり方で3つのステップを踏み、赤レベルを抜け出すことができます。しかし、その内容は赤外線レベルやその他のレベルのステップとは違います。

第2章の終わり（P75）で説明しましたが、私たちはウェルス灯台のレベルを上げていく過程で、ドライバーとデザイナーの間を行ったり来たりします。

ドライバーには自分の車を運転する「選択の自由」がありますが、車を組み立てることはできません。デザイナーには自分の車を組み立てる「行動の自由」がありますが、運転して行きたいところへ行くことはできません。

赤レベルにおいて、あなたはデザイナーです。このため、オレンジレベルへと進むには、赤レベルに登ってきた勝利の方程式とは異なる方程式が必要になります。

外側（人との関係）ではなく内側（自分自身との関係）を重視し始め、規律や責任ではなく、情熱や目的にフォーカスしなければいけません。

1. 情熱を見つける

赤レベルにとどまっているのは、ジャンプするのをやめて、登り始めるモチベーションがないからです。**自分をやる気にさせてくれること（あなたの情熱と一致する仕事や組織内での役割）に再び取り組み始めれば、それが転換点になります。**

2. スタンダードを決める

これは赤外線レベルの「行動を正す」に似ています。違いは規律ではなく、質を重視することです。スタンダードが低い場合、成功して、それを持続させることはまず無理です。

あなたの思考や行動のスタンダードのうち、何を変えることができますか？　時間をどんなことに使っていますか？　あなたの人脈にはどんな人がいますか？　どうすれば「時間をどう使うか」から「時間をどう投資するか」にスタンダードを切り替えられるでしょうか？　今後、絶対妥協しないと決めたことはどんなことですか？

３．フローに沿う
前進しようとする（そして、結果的に赤レベルにとどまるか、赤外線レベルに転落する）過程で犯してしまう最大の失敗は、単独で前進しようとすることです。

世界には豊かなフローがあり、毎日のようにお金、価値、そして知識が人々の間でやり取りされています。そのフローを利用するには、まずフローの中にいる人を探し、引き寄せなければいけません。そして、彼らのお金の流れをあなたの情熱に向け、あなたの情熱に適合するよう、調整する必要があります。

次のエピソードでは、４つの周波数を持つ人たちが実際に踏んだステップを紹介します。あなたの周波数がなんであれ、まずダイナモの道を読み、その後、私に何が起こったのかを知ってください。

それからあなたの周波数の道を読みましょう。他の周波数のエピソードもすべて読み、それぞれの勝利と敗北の方程式の違いを理解しましょう。

ダイナモの人が赤レベルを抜け出す道

ミリオンダラーへの10のステップを踏み始めた私の話に戻ります。毎月の蓄えがゼロだった状態から、自分の小さな出版事業を強化することで、毎月800ドルほど蓄えることができるようになりました。

収益性の高いクライアントを見つけ、自社の不動産関連雑誌にインテリアデザインや不動産サービスなど、新しい市場に特化した紙面を作りました。

それでも、ある時点までくると、ビジネスモデルを強化することでは800ドル、そして1600ドルの壁を越えることが難しくなり、別の方法が必要だと気づきました。

それは、前進することを妨げていた根本的原因に向き合うことを意味しました。

ダイナモの人が赤レベルを抜け出すステップ1：情熱を見つける

やってはいけないこと

自分のダイナモの周波数だけに頼り、最高のアイデアを考え出し、次に大当たりしそうなものを追い求めて、無理をすること。

やるべきこと

「行動の自由」を活用して、自分と同じ情熱を持ち、自分が一緒に働きたいと思う人のうち、すでに有益なフローの中にいる人を探すことに時間を使うこと。

ダイナモの人は、赤レベルに達すると、ほっとしてアクセルを踏み、自分が持っているものならなんでも発展、成長させようとする傾向があります。

特に自分の既存のビジネスモデルでは成長できない場合や、仕事から今以上稼げない場合や、自分のいる市場の成長が見込めない場合、無理をしてしまい、その結果、赤外線レベルに転落してしまいます。

古代中国の哲学者、老子はこう言いました。

「自然は決して急がない。しかし、すべては成し遂げられる」

物事の本来の成長のスピードを速めようとしないでください。

「情熱を見つける」ことは、外側で何かを追い求め、自分や周りの人たちを疲労させることではありません。

それは、自分の内側を見つめて、自分が一番好きなこと（毎朝、そのためにベッドから飛び起きたくなるようなこと）について考えること。そして、その情熱を、すでにフローの中にいて、自分と同じものが好きな人たちと結びつけることなのです。

私の場合、価値を創造し、それを人に提供することが好きなので、自分と同じ情熱がある企業のリストを作成しました。その中には不動産に情熱がある出版会社もありましたが、多くの企業は教育関連でした。

私は思いました。自分よりも利益を上げていて、自分が手本にできる企業とつながることができれば、その企業のフローを利用できる。そして、今の自分が気づいていない新しい方法で、お互いに利益をもたらすことができる、と。

私は次のステップを踏みました。

ダイナモの人が赤レベルを抜け出すステップ2：スタンダードを決める

やってはいけないこと

常に自分の処理能力を超えることをやろうとして、膨大な「やることリスト」を持ち、やっつけ仕事をすること。

やるべきこと

自分と同じ情熱を持ち、フローの中にいる人を特定すること。そして、彼らがフォーカス、時間、思考、行動、人脈をコントロールするために設定しているスタンダードと、自分のスタンダードを比べ、彼らに合うよう自分のスタンダードを引き上げること。

赤レベルのダイナモの人が専念しなければいけないのは、高いスタンダードを持ち、より良い人脈や、小さな成功を重視する明確な計画に取り組むことです。

「スタンダードを決める」ことは、人との接し方で決まります。

私は収支を成長させるために、自分よりも高い情熱とスタンダードを持つ人を探し、自分をそこまで引き上げなければなりませんでした。

そんな人を見つけるために、私が自問したことは次の通りです。

「自分が目指す収入を得ている人は誰だろう?」
「その中で自分がつながれそうな人は誰だろう?」
「そんな人たちと会うにはどこへ行けばいいのだろう?」

私はある時、今まで参加しなかった、業界の交流会に通い始めました。そして、教育にどんどん興味を持ち始めた頃、起業家のリチャード・タンと出会いました。

彼はシンガポールのサクセスリソーシズ社の経営者で、アメリカから著名な講演者をシンガポールに招致していました。

ジョン・マックスウェル、ビル・クリントンなどを招き、数千人規模のイベントを開催していました。高額な印刷コストをかけず、多くの人に働きかけることができる彼のイベント事業に私は興味を持ちました。彼との出会いがきっかけとなり、私は次のステップ3を踏みました。

ダイナモの人が赤レベルを抜け出すステップ3：フローに沿う

やってはいけないこと

自分の仕事や事業の限界を超えてお金を稼ごうとすることや、砂漠に穴を掘ることで自分のフローを成長させようとすること。

やるべきこと

人のフローを大きくする方法を追求すること。同時に、ダイナモの周波数を利用して、人のフローを自分のフローに結びつけ、その恩恵を分かち合うこと。

ダイナモの人は、いったん自分のフローが限界に達すると、またゼロから新しい事業をスタートさせようとする傾向があります。

自分がつながる相手が求めているものや、相手が自分のアイデアを気に入ってくれる理由がわかっていると思い込んでしまうのです。そのため、新しいものを創造し、売り出すことに時間を注ぎます。このやり方では、再出発するサイクルを延々と繰り返すことになります。

ステップ３では、「自分のフロー」ではなく、「すでにあるフロー」を見つけなければいけません。今こそ、学びながらお金を稼ぐ時なのです。

私はリチャードが不動産の専門家として有名なトム・ホプキンスをシンガポールへ招く予定だと知り、トムがシンガポールにいる期間中、不動産のセミナーを共同で開催することをリチャードに提案しました。

そして、私の不動産関連雑誌の購読者全員を動員することができるかもしれないと伝えました。リチャードはそのアイデアを気に入り、私たちはイベントでパートナーシップを結びました。

私は読者へのアプローチの仕方はわかっていましたが、イベントの運営の仕方は知りませんでした。しかし、リチャードに協力することになり、イベント運営の現場で学ぶことができました。

苦労しましたが、最終的に数千人の参加者を集めることに成功しました。リチャードと私はリスクを共有し、成果を分かち合いました。

結果的に、そのイベントから、自社の年間利益を超える額を1日で得ることができたのです。

テンポの人が赤レベルを抜け出す道

私がグレース・ライと出会った当時、彼女は20代前半でオーストラリアに住んでいました。医学部を卒業して仕事をしていましたが、そのまま医者になるのはつまらないと思っていました。

グレースは自分の周波数がテンポだと知ると、トレードをやろうと思いました。確かに、テンポの人はトレードがとても上手です。そこでグレースは、株取引をやろうとしていた知人にコンタクトを取り始めたのですが、問題がありました。知人が実際に利益を出しているのかどうか知らなかったのです。

蓋を開けてみると、実はみんな初心者で、利益はほとんど出ていませんでした。

グレースは私にトレードの一番いいやり方を尋ねましたが、手を出さないほうがいい、とアドバイスしました。

もし「人は自分を信用して自分に投資してくれるだろうか？」という質問に「イエス」と答えられないなら、自分に投資するべきではないでしょう。

私はグレースに、トレードを学ぶには時間がかかること、そして彼女が情熱を感じていることに取り組むべきだとアドバイスしました。テンポの人はスタンダードを設定して、フローに沿うことにはとても肯定的です。

問題は、情熱を見つけることです。グレースの場合、もう２つの疑問が残りました。

「事業ではなく、仕事をしている場合、どうすれば赤レベルから抜け出せるか？」

「そしてテンポ（ダイナモの正反対）は、それにどうやって取り組むか？」

です。そして、グレースは、次のステップを実行しました。

テンポの人が赤レベルを抜け出すステップ１：情熱を見つける

やってはいけないこと

ちまたにあるお金を稼ぐためのより良い方法や、より早い方法を参考にして、自分の道

を選ぶこと。お金だけを判断基準にしないようにしましょう。

やるべきこと

自分のネットワーク上で、一緒に働きたいと思える人を探すこと。それは自分が一緒に働けるだけで充実感や活力が得られるような人でなければいけません。

グレースのようなテンポの人にとって、赤レベルの先へと進むために必要なことは、なんでもいいから、収支をプラスにすることではなく、何の手段をもって収支をプラスにしたいかをはっきり知ることです。

テンポの人は、自分の情熱を見極めなければいけません。グレースの場合、その情熱は彼女の仕事、医療の分野にありました。そして、それ以上に、刺激的な革新をもたらす生物的医学研究、バイオテクノロジー、個別化医療関連の企業に興味を持っていました。

グレースはフューチャービジョンを作成しました。

そこには、世界からある特定の病を根絶するために、最先端の医療技術関連の投資ファンドを運営する彼女の姿が描かれていました。

その将来には、世の中を変えると同時に、医療の未来のためにリスクを取る自分や、投資家など、すべての人に利益をもたらす彼女がいました。

グレースはフューチャービジョンをとても気に入りましたが、問題がありました。

当時、彼女には奨学金をもらって勉強できるチャンスがありましたが、テンポの人は、このような状況では優柔不断になってしまうことです。

そこで私はこうアドバイスしました。

「20年後の自分を想像してみよう。もし将来、君が、君の道を歩んでいるのなら、奨学金を受けるかどうかでその将来が少しでも変わると思うかい？」

彼女の答えは「ノー」でした。

「君が目標を達成した時、一緒に働きたいと思う人に囲まれているだろうか？」

答えはまた「ノー」でした。そして次のように尋ねました。

「それなら君は自分がどこにいるべきだと思う？」

彼女の答えは投資ファンドでした。

その後、グレースがツイッターとブログで最先端の未来医療に関連するニュースや人を追い始めると、やるべきことがはっきりしました。

それは、自分がかかわりたいと思う人や企業に積極的にコンタクトを取ることでした。

それがわかると、彼女はステップ2へと進みました。

テンポの人が赤レベルを抜け出すステップ2：スタンダードを決める

やってはいけないこと

すべてを調べ尽くそうとすること。くまなく調べて、セカンドオピニオン、サードオピニオンを得てから行動しようとすること。

やるべきこと

テンポの周波数の才能を使い、調べた内容と人脈を結びつけること。また、自分が選んだ分野ですでにフローの中にいる人とつながり、彼らの現在のポジション、彼らが取り組んでいること、彼らのスタンダードと自分のスタンダードをマッチさせること。

テンポの人がスタンダードを決めるには、調べるだけでは足りません。

グレースが自分にふさわしい人々を探し始めると、世界中にいろいろなグループが存在することがわかりました。

たとえば、シリコンバレーの「フューチャー・メッド」やヨーロッパ各地で開催される会議など、最先端医療技術の関係者が定期的に交流する場がありました。しかし彼女がそれらのグループに参加するには時間が必要でした。

そこで、国内の外科医数人のもとで助手として働くことにし、仕事に応募しました。彼女は応募の際に送り状を添え、現在起こっている医療変革にかかわりたいという自分のビジョンを説明し、申し分のない経歴も記載しました。

そして、自分の夢を追求できるよう、職場では柔軟な対応をしてもらえるよう理解を求めました。

結果、国内でもトップクラスの外科医３人のもとでフリーランスとして働けることになり、数カ月間働けば、長期休暇が取れるような働き方ができました。

２０１３年には１カ月の休暇を取り、ヨーロッパやアメリカで開催される会議に参加して、業界でもトップレベルの関係者と交流しました。

彼女はこの道を歩むことで、自分のフローに入ることができ、フリーランスの仕事から以前よりも多くの収入を得て、やる気と刺激に満ちた毎日を過ごしました。

グレースはその先のステップ３へと進みました。

テンポの人が赤レベルを抜け出すステップ3：フローに沿う

やってはいけないこと

すべて自分で解決しようとすることや、目の前にあるチャンスに飛びつくこと。

やるべきこと

五感の鋭さを活かして、自分が一緒に働きたいと思う人に、価値を付加できる方法を見つけ、彼らのフローに沿うこと。

テンポの人は計画を実行するチームにおいて魅力的な存在です。問題は、結果を出さなければいけない時に、その方法がわからない場合や、十分な時間がない場合、行き詰まってしまうことです。

やるべきことは、チームに参加するか、自らチームを結成し、チームメンバーを支援することでお金を稼ぐことです。

テンポの人はコストを管理すること、リズムを設定すること、物事を整理することが誰よりも上手です。こういった強みを重視すれば、チームの時間を節約し、既存の川から文流を作ることができます。

そして、これはお金の流れを掴んだグレースが実行したことです。

彼女は自分の研究スキルやソーシャルメディアのスキルに興味のある人たちを見つけ、相手のニーズに合わせたサービスを作り出しました。自分のスタンダードに見合うチームと知り合い、サポートを得ました。

何よりも重要なのは、継続的にフローに沿い続けるために、自分が必要だと思う理想の人たちを探し、彼らとつながる時間を確保したこと、そして、それを常に楽しみながら実行したことです。

テンポのグレースは単独で行動せず、人のフローに沿ったからこそ、かつての彼女の夢は実現したのです。

ブレイズの人が赤レベルを抜け出す道

ダイナモの人は「成長する」こと、テンポの人は「スピードを落とす」ことが強みですが、ブレイズの人は自らが「輝く」ことが必要です。それがブレイズの強みです。

ただし、今のレベルではなく、その1つ上のレベルで輝くことに専念しない限り、強みを活かすことはできません。これは、台北でイタリア料理の店を経営するルーチョ・ファンが赤レベルから抜け出す際に学んだことです。

私がルーチョのメンタリングを始めた当時、彼は経営するレストランのフランチャイズを台湾国内で展開したいと思っていました。フランチャイズは採算性の高い店舗を拡大させる一般的な手法です。

問題は、1号店がまだ利益を出していなかったこと。このため、フランチャイズ展開をする以前に、1号店に付加価値を与えることに専念する必要がありました。

そうアドバイスすると、ルーチョは言いました。

「あまり面白そうなことではないですね」

当時、彼にはビジネスパートナーが何人かいましたが、彼は財務や業績管理といった自分が苦手とする役割まで背負いこんでいました。

ブレイズの人は、帳簿とにらみ合うことには向いていません。ルーチョはあらゆる言い訳をして、それを避けようとし、事業を混乱させ、彼自身もフラストレーションがたまっていました。

ルーチョのステップ1は情熱を追求することでした。

ブレイズの人が赤レベルを抜け出すステップ1：情熱を見つける

やってはいけないこと

目の前にあるものに気を取られること。自分の内に秘められているものを輝かせようとするかわりに、人から勧められた多種多様なチャンスを追い求め、人が求める成果を出すために忙しくすること。

やるべきこと

「行動の自由」を使って「誰」にフォーカスし、自分が一緒に働きたい人と自分の情熱を結びつけ、ブレイズの周波数を使って、彼らのフローに価値を付加すること。

レベルに関係なく、ブレイズの人の情熱を見つけること自体は問題ありません。問題は、適切な情熱を追求し続けることです。

私はルーチョにこう尋ねました。

「見込み客や潜在的なビジネスパートナーをレストランでもてなし、あなたの人脈を通じて事業を成長させることができるとしたら、どんなふうに感じますか？」

「ぜひやってみたいですね。それなら本当に楽しみながらできそうです」

彼のフューチャービジョンができた時点で、彼と私はこの情熱を追求しながら、人のフローを強化する方法に注目しました。

彼の情熱は人を楽しませることでした。レストランに団体客を招待し、イタリアの歴史と文化について共有したい、彼はそう思っていました。

そこで私たちは、あるビジョンを作りました。いつも満席のイタリアンレストラン。顧客はイタリア人コミュニティで、利益は20パーセント。投資家やフランチャイズ加盟店を引き寄せる。そして、ルーチョは週に何度かディナーの団体客をもてなす。

このビジョンの実現のために、彼は自分の時間管理のスタンダードを上げ、そのスタンダードを満たすために必要な人とつながらなければいけませんでした。

ブレイズの人が赤レベルを抜け出すステップ2：スタンダードを決める

やってはいけないこと

多くのことを抱えすぎて、スタンダードを上げられなくなることや、時間を集中的に活用できなくなること。その結果、より多くの問題をも抱え込んでしまうこと。

やるべきこと

ブレイズの周波数を利用して、自分と同じ情熱を持つ人たちとつながることに時間を投資し、彼らの人間関係や成功のスタンダードを理解すること。それにより、チームと協力して、相手に価値を提供し、彼らのフローを自分のフローにつなげること。

ルーチョと私は利益目標を達成するために、ディナーの団体客向けの定期イベントを月に何回開催しなければいけないか計算してみました。

必要な回数は、１カ月あたりわずか８回でした。それを実行する過程をブレイズの人が楽しめるよう、この数を人数に換算してみました。私はルーチョに尋ねました。

「その利益を達成するには、今よりも毎週どれくらい来客数を増やさなければいけないですか？　そして、どんな人に来店してもらいたいですか？」

そのことについて考えた末、ルーチョは定期イベントにイタリア領事館の職員とその友人を招きました。さらに、台湾人にイタリア語を教えている人を対象に、特別価格を設定しました。

これはルーチョのようなブレイズの人が簡単に実行できることの一例です。

ブレイズの人は、人と話すことや、電話することが大好きです。ルーチョはそういったことを集中的に実行することができました。しかし、何かに集中するだけでなく、特定のことに集中しないことも同様に重要です。

ブレイズの人は、絶えず何かに気を取られてしまうので、ごくシンプルなある言葉を覚えなければいけません。それは、「ノー」です。ルーチョは財務から手を引き、会計士を雇いました。

ブレイズの人が赤レベルを抜け出すステップ3：フローに沿う

やってはいけないこと

強引な主張をする人を一番気にかけて、彼らの要望に応えること。

やるべきこと

自分のやっていることに協力し、目標を達成できるよう力になってくれる人に気を配ること。それと同時に、彼らと目標を共有し、彼らのフローを強化すること。

ブレイズの人の問題は、見返りなしで人を助けてしまう傾向があることです。人から好かれたいと思うあまり、人を無視することができません。

ルーチョの顧客の中には、割引を要求してくる人が、かなりいました。

また、彼は団体客に対して定食を提供するかわりに、グループごとに独自のメニューを提供しようとしました。

そこで、彼と顧客の双方にとってメリットがあるよう、選択肢が限られている半面、最高の料理を提供できる団体向けのメニューを作成しました。割引を求めていた顧客には、日曜限定で低価格のブランチメニューを提供し始め、すぐに予約待ちになるほどの人気を呼んだのです。

こうしてルーチョは、絶えず顧客の要望に合わせるかわりに、自分が用意したメニューと顧客をマッチングさせることで成功できました。

この時点で、彼はレストランで働くことに毎日ワクワクするようになりました。

そして、何かに気を取られることなく、収支をプラスにして、仕事にワクワクしながら、赤レベルから強いオレンジレベルへと進むことができたのです。

計画から5カ月後、ルーチョはある晩、私と友人12人をレストランに招待し、目標をすべて達成したと報告してくれました。

私は彼の成功を祝福し、これでフランチャイズ展開を始める準備ができましたね、と言いました。すると彼はこう答えました。
「ありがとうございます。実はフランチャイズ加盟店に興味がある人から、もう何件か問い合わせがあったんです。でも、こんなふうに自分も楽しめるようなやり方を続けない限り、事業は成長させられないでしょうね」

スチールの人が赤レベルを抜け出す道

スチールの人は「知る」ことが強みです。そして、スチールの人はブレイズの人とは違って、日常的に人脈を広げる活動をしないので、フローの利用の仕方がまったく異なります。

スチールの周波数を持つジャネット・ジョンソンは、長年にわたり会計士として働いていました。出会った当時、彼女はもう長いことイギリスで会計事務所を経営しながら、赤レベルで「生存」しており、疲れ切っていました。

彼女は、もともと公務員として働いていましたが、所属していた部署の人員が削減されたのを機に会計スキルを活かし、小規模なチームを結成して独立しました。

まずまずの生活でしたが、会計のスキルしかないことに行き詰まりを感じていました。

「私にはこれしか能がないんです」彼女はそう言いました。

事業からさらに多くを得たいと思っていましたが、毎日長時間働いていた彼女には、その方法がわかりませんでした。また、家族のために収入を増やせるような何かをやりたいとも思っていました。彼女の子供は育ち盛りで、その分、家計への負担も増える一方でした。私は彼女に、「ビジネスモデルを過剰に分析しようとせず、スチールの周波数を活用してはどうですか?」とアドバイスしました。

スチールの人の場合、すでにフローの中にいる人の時間やコストを節約する方法を見つけ出すことでお金を稼ぐほうが効率的です。私は彼女に言いました。

「1人では管理できないフローがあり、あなたの周波数を高く評価してくれる人はきっといます」

それが誰なのかジャネットのようなスチールの人が考える前に、まずやることがあります。それは、集計表よりも情熱を感じるものを見つけることです。スチールの人は数字が好きなあまり、数字に没頭してしまうことがあります。

スチールの人が赤レベルを抜け出すステップ1：情熱を見つける

やってはいけないこと

答えを探そうとして、すべてを過剰に分析すること。また、自分がやるべきことを、調査や指標だけに頼って見つけようとすること。

やるべきこと

自分が情熱を感じて取り組めそうな分野で、フローの中にいて、成功している人や企業を探し、リストを作成すること。

私がジャネットに仕事のどんな面が一番好きかと尋ねると、彼女はこう答えました。「クライアントの帳簿確認を確実に行うことです。それから、私のアドバイスのおかげでクライアントが節約して、利益を増やせると、すごく嬉しいですね」

「最も理想的なクライアントは誰か？」と尋ねると、「学校」という答えが返ってきました。実は、学区内において、彼女の会社は学校を対象にした会計事務所としてはトップで、学区内の学校の60パーセントが彼女のクライアントでした。そして、それには理由がありました。

彼女が事務所を立ち上げるきっかけとなったのは、まだ公務員だった頃、行政の職員として、それまでに学校に提供していたサポートが廃止されたことでした。それ以降、学校は人を雇って監査をしなければならなくなりました。

職を失った彼女は、公務員時代に取引があった学校へ行き、引き続き監査をさせてくれないかと打診しました。結果、すべての学校から仕事の依頼があり、事業は成長しましたが、それでも利益がない月がほとんどでした。

利益が出ない原因は、彼女が数字の向こうにあるものを見ていないからでした。彼女がクライアントの学校に、それまで以上のプラスの変化をもたらすには、自分のスタンダードを引き上げて、一層大きな変化をもたらす意思が必要でした。

スチールの人が赤レベルを抜け出すステップ２：スタンダードを決める

やってはいけないこと

今ある状況を引き起こす原因になっている自分の行動パターンを変えずに違う結果を得ようとして、意思決定を先延ばしにすること。

やるべきこと

スチールの周波数と「行動の自由」を利用して、自分が一番役に立ちたいと思う人とつながること。また、相手のスタンダードを満たし、相手の期待を超える価値を提供する方法を考えること。

スチールの人の場合、自分のスタンダードを下げることに抵抗を覚えます。

スチールの周波数は、自然とスタンダードを高く持つ傾向があるため、追加で別のスタンダードを決めるのが無理に近いからです。

ジャネットには新しいスタンダードが必要でした。彼女のクライアントが監査料として払える金額には限界がありました。

そこで、それ以外に提供できるサービスがないか、検討しなければいけませんでした。会計関連のサービス以外にも、学校側が必要とするサービスを提供することで、彼女が収入を得る方法があるはずでした。

彼女が自分のスタンダードを上げる第一歩は、学校側が潜在的に必要としているサービスを特定することでした。そして、クライアントを学校に限定する可能性について考えると、それが可能に思えたので、会計中心の事業から学校中心の事業に切り替えました。

特に信頼の厚かった学校のリストを作成し、学校を訪問し、どんなニーズがあるかを聞き出しました。

「コスト管理の研修は必要だろうか？」

「コンピュータ機器の購入に関するアドバイスは必要だろうか？」

「教員の給与計算業務の支援は必要だろうか？」

こういった問いがきっかけで、彼女はステップ3を踏みました。

スチールの人が赤レベルを抜け出すステップ3：フローに沿う

やってはいけないこと

単に、今やっていることの改善や効率を上げることで、収支を上げようとすること。

やるべきこと

分析スキルを使って、スチールの才能をもっと活用する方法を見つけること。また、それを活かして、すでにフローの中にいて自分の能力を信頼してくれている人に、より大きなフローと、より高い価値を提供する方法を考えること。

提供可能なサービスのリストを作成したジャネットは、地域の全学校を対象にアンケートを実施し、そのサービスのリストを記載しました。結果、学校側は経理以外の分野でも支援を必要としていることが明らかになりました。

たとえば、新しい機材を購入する際の支援、給与計算やチーム管理を効率化するサポート、テクノロジー機器の選び方に関するアドバイスなど。多種多様なニーズがある一方で、学校側が必要としていたのはレベルの高い専門家ではなく、信用できる人物からのアドバイスでした。

ジャネットは気づきました。長年、会計士として学校に奉仕することで、彼女は学校側から絶大な信用を得ていたのです。

その後、会社名を「エデュケーショナル・ファイナンス・ソリューションズ」に変更、学校側の経理担当者向けに、監査に備えて帳簿を整理する方法を指導し始めました。そして、自分自身の時間をより効果的かつ効率的に管理するため、コスト削減策をウェブセミナーで紹介し、その対策を導入するサービスを提供しました。

ジャネットの会社は、今では、予算計画、予算申請書の記入、人材採用のコンサルティング、新規と既存の職員の研修などのサービスを提供しています。

そして、会計関連のサービスよりも、研修関連のサービスからの収支と利益のほうが増えました。チームの規模も大きくなり、彼女を支えてくれる専門性の高いスタッフもいます。利益は過去10年間の数倍にまで増えました。

これはフローに沿ったことで、より多くの価値を提供する方法とサービスの提供の仕方に気づくことができたおかげなのです。

会社を辞めなかったウォーレン・バフェット

私たちが赤レベルで読む本や見るテレビ番組のほとんどが、成功するまでは人生のすべてを賭けて、１人で頑張らなければいけないと主張します。

しかし、あなたが今の仕事で行き詰まっていると感じている時に一番やらないほうがいいのは、仕事を辞めることです。

給料が少ない場合や、仕事が楽しくない場合、未知のことに挑戦するほうが魅力的に思えるかもしれません。

ところが、本や専門家のアドバイスに従って仕事を辞めたとたん（給料にかわる収支がないため）、すぐに赤外線レベルに転落してしまいます。

貯金を切り崩すことができるとしても、あなたはかつて多くの人がのちのち後悔するような失敗を犯してしまうことになります。

仕事を避けようとしないでください。仕事を辞めないでください。あなたが楽しめる仕事を見つけ、あなたの周波数とあなたの現在地に一番合うやり方で働きましょう。

私がこんなふうに言うのを、あなたは意外に思うかもしれません。あなたは次のように思っていたのではないでしょうか。

「ロジャーは、仕事をするより起業家として事業を手がけるほうがいいと思っているだろう。『富の階段』の上では、仕事をするより事業を手がけるほうがいい、と説く本に賛成するに違いない」

しかし、私はそんな意見には賛成できません。

「仕事をするより、事業を手がけるほうがいい」と言うのは「車よりバスを所有するほうがいい」と言うようなものです。

どちらがいいかは、あなたの目的と目指すレベルで変わってきます。誰かのために働き続けるほうがベストな場合もあります。それは、一緒に働く人が自分にとって自然な人で、なおかつ、その仕事が赤レベルから抜け出すのに役立つ場合です。

世界有数の大富豪であり、テンポの周波数を持つウォーレン・バフェットは、投資でのキャリアを築き始めた当時、バリュー投資家のベンジャミン・グレアムのもとで働いていました。

バフェットは、株取引に自分のお金を使い、最善の結果を期待するようなことはしませんでした。彼は十分な知識と経験を得て、信用と実績を築き、自分1人の力で成功できるだけの資金と支援をベンジャミン・グレアムのもとで働きながら引き寄せたのです。

「クラーク・ケント時間」と「スーパーマン時間」

これまで登場したすべてのエピソードは、ある真理を物語っています。

人は皆、富豪や大富豪になりたいと思いながら、誰かのために働いています。しかし、あなたが周波数に合った自分にとって一番自然な道を歩めば、それが仕事のようには感じられません。

赤レベルにいる人が「クラーク・ケント」の仕事を辞めて、「スーパーマン」になるために、安易に起業するケースは枚挙に暇がありません。

それはまるで、どちらか1つしか道はないと考えるようなものです。ほとんどの人は、必要な時間を買って、それをリソースにするという考えを持ちません。

しかし、世界屈指の成功者のほとんどは、スーパーマンにもクラーク・ケントとして過ごす時間が必要だとわかっています。

忘れないでください。スーパーマンは世界を救いますが、その報酬はありません。スーパーマンのスーツやマントを買うためには、新聞記者、クラーク・ケントとして働き、収入を得なければいけないのです。

赤レベルでは、次のように自分に問いかけてください。

「毎週クラーク・ケントとしてどれくらい働けば、『スーパーマン時間』を買うことができて、フューチャービジョンを追求できるだろうか？」

私が赤レベルにいた頃は、事業にかける時間を毎週2日までに減らす方法を見つけ、新しいチャンスを追うことに3日かけることができ、その結果イベント事業を手がけることになりました。

グレースの場合、外科助手として働くことで、世界各国で開催される会議に出席する時間を買いました。彼女の場合、1カ月の「クラーク・ケント時間」に対し、「スーパーマン時間」も1カ月でした。

ルーチョとジャネットのクラーク・ケント時間は週わずか1日。

私たちは全員、再び赤外線レベルまで転落することがないように、クラーク・ケントの仕事をしながら、自分の道を歩みました。

ですから、「雇われて働くのは負け犬がやることだ」と言われても、絶対に真に受けないでください。今の仕事があなたの周波数の強みに合っているならなおさらです。

仕事が嫌いだとしても、今の仕事より大きなドルサインがついているからという単純な理由で、自分に合わない事業を興すよりは、仕事を続けるほうがいいでしょう。今の仕事から赤レベルにとって十分な収入があるなら、仕事を続けながらスーパーマン時間を利用しましょう。

もし、あなたの雇用主が理解のある会社なら、自分のビジョンを説明して、理解が得られるかもしれません。フレックス制やフリーランスで働き、自由になる時間が増え、それが職場でのモチベーションや生産性につながるかもしれません。

それを効果的に実践するために、「フローの言語」についてちょっとご説明します。

砂漠で穴を掘るな!

すでにお話ししたように、赤レベルの3番目のステップは「あなたのフローに乗る」のではなく、「すでにあるフローに沿う」です。

川へ行って溝を掘れば、新しいフローを作ることができます。

そして、その溝に水が流れ始めると、それ以上掘らなくても、自然と川ができます。

問題は、この掘るという行為自体を、フローを作る行為だと考えてしまう人があまりにも多いことです。

肝心なのは、掘る行為ではなく、掘る場所です。砂漠でいくら掘っても、できるのは川ではなく、ただの穴でしかありません。

フローがある場所をまず理解してから、そこへ足を運ばなければ、起業しても、砂漠で穴を掘ることになります。ですから、穴を掘らないでください。仕事を辞めないでください。また、安易に副業を始めないでください。

大半の人にとって転職が難しい理由は、求人市場が仕事を見つけるのに最も難しい場所だからです。あなたは求人市場で、自分のように仕事を探している人と競争することになります。そして市場であなたの目を引く求人は、他の誰かも興味を持っているものばかりです。

富づくりは、仕事の創造です。自分で自分の仕事を作ることです！

お金がお金を作るのではありません。人がお金を作るのであり、あなたがお金を稼げるよう協力してくれるのは人なのです。

次のアクションプランでは、今あなたが持っているニーズを、あなたが一緒に働きたいと思う人たちのチャンスに変えるステップ、つまり、仕事の探し方ではなく仕事の作り方についてお話しします。

第4章のまとめ

・赤レベルでは生活するだけのお金しか稼げない
・ミリオンダラーへの10ステップを理解しよう
(毎月の収支を今より100ドル増やすとします。その額を倍にする作業を10回繰り返せば、毎年100万ドルの収支が得られます。これが、灯台を登るための「階段」なのです)
・赤レベルからオレンジレベルになるには3つのステップがある
ステップ1：情熱を見つける
ステップ2：スタンダードを決める
ステップ3：フローに沿う
・あなたの時間を「クラーク・ケント時間」と「スーパーマン時間」に分ける。時間を買い、オレンジレベルに進むためにお金を稼ぐ活動と、市場のフローをあなたの将来のフローに結びつけるための活動を区別する

飛行前チェックリスト：オレンジレベル

赤レベルを抜け出すためのステップは、あなたが「生存する」ため、そしてあなた個人のフローとスタンダードを絶えず向上させるためのステップです。

このステップを踏めば、今後ここに停滞することはないでしょう。

では、次のチェックリストに記入してください。

「はい」か「いいえ」にチェックをつけて、9つすべてにチェックがつけば、あなたは自分の情熱と目的を飛行計画に結びつけたことになります。

①情熱を見つける

1．自分の飛行計画と日常生活にエネルギーと刺激をもたらしてくれる活動、人、ものが明確である。

□**はい**　□**いいえ**

2．フローの中にいて、自分と同じ情熱を持ち、自分がつながりたいと思う企業や人のリストがある。

□ **はい** □ **いいえ**

3. 自分の情熱と目的からそれないよう自分のリズムを設計し、一緒に働く人を選ぶ。

□ **はい** □ **いいえ**

②スタンダードを決める

1. 今までよりも高いスタンダードを設定し、「スタンダードシート」に記入した。今後、過去のスタンダードに満足することはない。

□ **はい** □ **いいえ**

2. 自分が選んだスタンダードと同じスタンダードを持って生きている人を求め、彼らの中に身を置く。

□ **はい** □ **いいえ**

3. フローを維持するため、自分のプロファイルと強みに合う人生を確実に設計する。

□ **はい** □ **いいえ**

③フローに沿う

1. フローの中にいる企業や人とつながり、そこからプラスの収支を得ている。そして、学びながらお金を稼いでいる。

□ **はい** □ **いいえ**

2. 自分のフローを大きくするために、自分が選んだ業界にいる人やチャンスとつながることに時間を投資している。

□ **はい** □ **いいえ**

3. 自分の知識とネットワークの成長を記録している。自分の価値を提供するための、明確な手法がある。

□ **はい** □ **いいえ**

アクションプラン
フローに沿うための５つのステップ

あなたは、これまで会社に勤めたことしかありませんか？

人のニーズを理解し、そのニーズを有益な形で満たした経験はありませんか？

もしもないのなら、あなたは単に与えられた指示に従うことに慣れてしまっており、人が抱えている問題を特定し、それを解決できるよう協力する必要に迫られたことがないのかもしれません。

仕事を辞められない状況や、失業して誰かが助けてくれるのを待つしかない状態に陥ってしまうのは、それが原因です。

自分の事業や投資で成功している人は、事業で失敗しても、またゼロからやり直すことができます。人のニーズを見つけ出し、それを満たす能力を培ってきたからです。

彼らは、今のような時代に雇用の安定を得るには、こういったスキルが何にも勝ると知っています。

これまでに登場した人たちは全員、次の５つの問いに答え、フローの中にいる人とつながることに成功しました。

質問1：あなたがこれから作る仕事には、どんな評価基準がありますか？

すでにフューチャービジョンと飛行計画を作成したので、オレンジレベルへと進むために、今よりどれくらい収入を増やさなければいけないか把握できているはずです。

その目標達成のために、毎週必要な「スーパーマン時間」とその時間内に稼ぎたいと思う金額を具体的に決めてください。

では次に自分の周波数、現在のスキルセット、そして経験について考えましょう。今後、あなたがアプローチする人に、自信を持って価値を付加できる、と言えるようにするには、あなたが作り出す仕事はどんな評価基準を満たさなければいけないでしょうか？

それをリストアップしてください。

やる気が湧くような業務の中で、自信を持って行える活動はなんですか？

次の例を参考にしてみてください。

ダイナモの人には、次のような方法で事業の収益を伸ばす素質があります。

・既存顧客が必要とする新しい商品やサービスを考え出す。マーケティングパートナーになる。
・既存商品の顧客を開拓する。
・売り上げトップのセールスパーソンが、さらに収益を伸ばせるよう、計画や戦略を練ることで勝率を上げる。画期的な販売キャンペーンを利用したプロモーションを行い、顧客を満足させ、口コミにつなげる。

ブレイズの人には、次のような方法で事業の収益を伸ばす素質があります。
・マーケティングパートナー、またはアフィリエイターになり、自分の人脈をターゲットとして既存商品を販売する。
・各種イベントや会議でメッセージを伝え、新規顧客と交流する。
・既存顧客にどんなニーズがあり、何を買いたいと思っているのかを電話でヒアリングする。
・価値を付加してくれる人脈や商品がある人とパートナーシップを結ぶ。

テンポの人には、次のような方法で事業の収益を伸ばす素質があります。
・トップセールスパーソンの生産性を一層向上させるような組織構造を作る。
・経費を削減する方法を見つける。実験的な価格設定を行うことで、顧客が本当に払う意思のある価格を探る。

・既存顧客へのサービスの向上を支援することで、注文のキャンセルを減らし、再注文や紹介を増やす。

スチールの人には、次のような方法で事業の収益を伸ばす素質があります。

・数字を分析し、コスト削減方法を見つける。
・現金回収率を向上できるよう、システムを変える。
・コストがかさむ事業活動を自動化することで、生産性と費用効率を向上させる。
・売り上げトップのセールスパーソンが最も付加価値の高い活動や顧客に集中できるよう、分析結果やデータを提供する。
・ネット上でセールス、更新、サービスの提供、コミュニケーションができるようなシステムを構築する。

質問2：この道を、最も一緒に歩みたいと思う人は誰ですか？

フューチャービジョンによると、今後あなたが知り合うのはどんな人ですか？最も情熱を感じる業界はどの業界ですか？

自分の商品やサービスを一番提供したいと思うのはどの市場ですか？

その業界のリーダーのうち、あなたが一緒に働き、お手本にしたい人は誰ですか？

そのような人物や企業を最低でも10選び、リストを作成してください。

リサーチし、いろいろな人から情報を得ましょう。あなたがアプローチする人は、あなたが知らないような人を知っているかもしれません。

あなたが探しているのは、最高の人ではなく、すでに自分となんらかの信頼関係がある人です。相手が自分のことを知っているのかもしれませんし、相手は自分の知人の知り合いかもしれません。

いずれにせよ、このリストに加える人や企業はフローの中にいて、お金を稼いでおり、さらに稼げるチャンスがなければいけません。

リストができたら、上位3つに絞り込んでください。この3つのうち、見込みがなさそうだとわかった人や企業は置き換えなければいけませんが、このうちの誰かと仕事を始める（仕事を作る）と思ってください。

問題はそれが実現するかどうかではなく、いつ実現するかです。

質問3：相手のニーズのうち、あなたが満たせるのはなんですか？

リストの上位3つに入る人や企業が現時点で提供しているチャンスについて調べましょう。パートナーを募集中かもしれないですし、すでにパートナーがいるかもしれません。相手の最大の問題と最大のチャンスを見つけ出しましょう。相手のニーズを探り、そのニーズと、あなたが設定した評価基準との関連性を見つけましょう。

あなたが意思決定権のある人々（売り上げ、または利益拡大に対して責任がある人。必ずしも創業者や最高経営責任者である必要はありません）を知っているなら、それはすばらしいことです。

彼らと会って、相手の事業に心から共感していること、役に立てるよう全力を尽くすつもりがあること、そしてそれを証明する意思があることを伝えましょう。

彼らの理想はなんでしょうか？

最大の課題はなんでしょうか？

1年後の展望は？

現時点では、課題の解決策を提案しないでください。まず、相手の話に耳を傾けましょう。そして、その他の関係者、たとえばパートナーや意思決定者へのアクセスを制限する人（大抵プロジェクトリーダーや秘書）などにも話を聞いて、自分が貢献できそうなことを、最低でも3つリストアップしてください。それが相手の収益や利益の面でどんな意味があるのか、考えてみてください。

質問4：相手のフローを大きくするために、どうやって自分の周波数を利用して価値を提供しますか？

あなたは、相手に貢献することで、相手の事業にプラスの影響をもたらす方法を特定しました。それをすぐに実現することはできませんが、自分のチームのサポートを得て取り組めば、何週間もかからないことがわかると思います。それでは、あなたの計画を実行し、トライアルに取りかかりましょう。

相手からのフィードバックを参考にして、一緒に働きたいと思う企業を1社に絞り、トライアル期間中はその1社に集中しましょう。

自分で自分の仕事を選べるチャンスだと思って、まず自分を証明するために、無報酬でも働くことを覚悟してください。

トライアル期間はまず1カ月に設定し、「スーパーマン時間」を利用しましょう。

1カ月のトライアルで何を達成できますか？

収益や利益にどれくらい貢献するつもりですか？

この他に、どんな評価基準を設けますか？

意思決定者の時間をどれだけ節約できるか？

新しいシステムを導入できるか？


第一歩は、真摯に貢献したい、という自分の思いを相手に知ってもらうことです。そして次のステップは、プロジェクトを提案すること。あらかじめ次のように説明しましょう。トライアルの目的は見返りを得ることよりも、まずは自分の力を証明すること。それと同時に、自分が目標にしている収支を達成するために、全力を尽くすつもりがあると示すことです。


あなたの収入目標を達成するには、その仕事でどんな結果を出す必要がありますか？

あなたが相手の役に立てば、相手も、あなたがその目標を達成できるよう助けてくれるでしょう。

トライアルに真剣に取り組めば、大抵の場合、数週間とはいかなくても、数カ月以内には、リストのトップ10のうちの誰かと仕事をするようになります。さらに相手の企業に採用されることもよくあります。

質問５：パートナーを組むことは、あなたと相手にどんな利益をもたらしますか？

どんな企業でも、仕事を紹介してくれたり、売り上げや利益に貢献してくれたりするパートナーや業者に対しては、なんらかの報酬を払うものです。その具体的な額は業種によります。

ネットで電子商品を扱う企業の場合、収益を伸ばしてくれるアフィリエイターには、最大収益の70パーセントもの料金を払います。その額はサービス事業では最高で50パーセント、製品事業の場合は5パーセントから20パーセントです。不動産などの資産ベース事業の場合は、資産にかかるコストがかなり大きくなるため、金額はかなり低くなります。

人に聞き、自分でも調べることで、その企業が通常パートナーや業者に支払う額を把握しましょう。また、基本事項について合意しましょう。

あなたの役割は？

相手が得られるメリットは？

トライアルが成功した場合、その後何が起こりますか？（報酬が支払われるかどうか？

長期的なパートナーシップを結ぶのか、それとも社員として働くのか？）

迷う必要はありません。あなたはスーパーマンです。

「クラーク・ケント時間」はポジティブに過ごしましょう。5つの問いに答え、足がかりになるような自分の仕事を作りましょう。

第５章

「オレンジレベル」から抜け出す方法

基準：収支はプラスだが、人にコントロールされている

感情：依存、あきらめ

このレベルにとどまる代償：独自性がない、不安、イライラ

必要なフォーカス：独自性と自立

ここにたどり着いた原因：教育、考え方、条件付け

レベルアップする方法：独自性を明確にする、市場を知る、価値をお金にする

オレンジレベルの現実

オレンジレベルへようこそ。ここの空気はその下よりかなり澄んでいます。ここまで来れば、赤レベルでただ「なんとか生きていく」のとは違う生き方があるとわかるでしょう。

ここでのあなたの収支はプラスで、自分に多少の方向性が感じられます。今の仕事の収入がかなりあり、その仕事が好きになれないとしても、少なくとも前進しています。

そして、仕事を辞めて赤や赤外線レベルに転落してしまう人よりはレベルアップできる見込みがあります。仕事に対する周りからの評価が往々にして高いこともあり、あなたには、以前よりも高いプライドもあります。

それでもあなたの生活が「他者」にかかっていることには変わりありません。

あなたの現状に関係なく、オレンジレベルでは、生活のために懸命に働かなければなりません。その一方で、収入は絶えず入ってくるので、お金に余裕があります。赤レベルにいた頃のような気苦労はないですが、絶えず仕事を続けなければいけないので、週末になるとほっとします。

オレンジの労働者は、昔はいい暮らしができました。私たちの祖父母や親の世代は、よく働き、生涯の大半を同じ会社で過ごせば、仕事を辞める頃には老後に必要なお金がありました。

今の世の中は、それよりもはるかに不安定です。

真の安定を得るには、自分の道を自分で設計して、オレンジレベルの依存の状態から、次の黄色レベルの自立の状態へと進む方法があります。

黄色レベルでは、いつ沈むかわからない船に乗客として乗っているのではなく、自分の船を所有し、好きなところへ自由に行くことができます。

黄色レベルは、オレンジレベルとかなり違う感じがします。なぜなら、自分の時間を切り売りするかわりに、チャンス、パートナーシップ、商品、そしてサービスを通じて収入を得るからです。

黄色レベルでは、他者の作ったフローを追い求めることはもうありません。ニッチや人(顧客、パートナー、スタッフ)に集中します。

仕事は何もしなくても回ってきます。市場での地位が確立されているので、チャンスは向こうからやってきます。お金を稼ぐことは以前よりもはるかに簡単になり、自分が市場に参加している、という実感があります。

どうすればそんなことが可能でしょうか?

あなたの周波数にふさわしい道を歩みながら、オレンジレベルを抜け出す3つのステップを踏む前に、オレンジレベルに到達して初めて理解できる、ある秘密についてお話ししましょう。

それは、あらゆるフローはどんなシステムにおいても、2つのものから構成されている、ということです。

あなた個人の財務から大企業の財務、そして経済全体にいたるまで、すべてはプロジェクトとプロセスから構成されています。

「プロジェクト」と「プロセス」

「プロジェクト」とはフローを大きくするもの。たとえば新しい道路などです。

ダイナモとブレイズの人は、フローに新しい商品や人間関係を加えることが大好きです。問題は、新しいプロジェクト（副収入を得る、新しい仕事や事業を始める）に取りかかろうとする時になって、大抵そのために必要な時間やお金がないことに気づくこと。あるいは、渋滞を引き起こす道路や、どこにも通じない道路を建設するようなプロジェクトを始めてしまうことです。多くの時間をかけて本を書いたり、ウェブサイトを立ち上げたりして、プロジェクトを完成させても、結局フローを作れない人や、お金を稼げない人をこれまで多く見てきました。

「プロセス」とは、フローを維持するもの。たとえば他の道路につながっている道路がそうです。

道路に障害物や破損があると、渋滞などの問題が発生します。同様に、お金のフローに障害物や破損があると、金銭的な問題が発生します。

テンポとスチールの人は、このフローを修復、維持、改善するプロセスが大好きです。問題は、プロセスの最中に行き詰まり、交通整理に忙しくなるケースが多いことです。そんなことをしていると、フローを外部委託、または自動化することで、道路から下りてシステムを強化、発展させることに再び着手することができません。

基礎プリズムで私たちは、人のプロジェクトやプロセスに参加します。そして、顧客、または労働者として彼らの配管システムにお金や時間を注ぎます。

しかし企業プリズムでは、私たちは雇用主として、世界の配管システムに何かを付加することや、システムを維持することで報酬を得ます。

黄色レベル、そして企業プリズムへと進むには、あなたがどんなプロセスに時間を使っているのかを調べて、外部委託、または自動化できるものがないかを判断しなければいけません。コツは、プロジェクトを有益なプロジェクトに変えることです。

私はこれを「有益なプロジェクトプロモーション」と呼んでいます。他の成功者は、これをキャンペーンと呼ぶかもしれませんが、意味は同じです。

要は、新しいフローを作り、新たな学びをしながら、お金を稼ぐプロジェクト、ということです。

プロジェクトでは、過去の経験と最も妥当な予測にもとづいて、始点と終点、そしてマイルストーンのある道筋を立て、自分が提供したい価値と、提供する時期を明確化します。

レベルにもよりますが、プロモーションは新たに100ドル、1000ドル、またはそれ以上の収支を作り出すかもしれません。このやり方で自分のやりたい仕事を獲得したり、自分に合った事業や投資を始めたり、新たにパートナーシップを結んだり、いろいろなことが可能です。

この時点では、「誰？」や「どうやって？」という問いに完璧に答える必要はありません。この時点で答えなければいけない問いは、「自分の目標は何だろう？」「達成したいマイルストーンは何で、それをいつ達成できるだろう？」です。

いったんプロモーションの構造を理解できれば、あらゆる業界（小売、出版、旅行、講演、研修、テクノロジー系の新規事業、オンライン・マーケティング、ネットワーク・マーケティング、不動産、金融市場、金融サービスなど）にいる成功者は、業界で最も効果的なプロモーションモデルを使い、お金を稼ぎ、学んでいることがわかると思います。

彼らは、プロモーションをテストし、予想と現実を常に比較します。そして、お互いに、ベストプラクティス（最優良事例）を共有することもよくあります。一方、成功できないリーダーは、起業して、忙しくして、仕事を追い求めて、最善を祈ります。

自分の周波数を使ってプロモーションを企画する方法を理解すれば、時間だけでは達成できない大きな収支を毎月得ることができます。

私の処女作、最初のイベント、初めて売買した不動産、初めて興した事業と初めて売却した事業、そのすべてがプロモーションでした。

プロモーションを通じて、ほしかった金額を稼ぎ、必要だったリソースとパートナーシップを引き寄せ、テストし、測定しました。

最も重要なことは、プロモーションの結果を、より正確に予測し、結果を複製できるようになると、黄色レベルのプレーヤーから、緑レベルのパフォーマー、そして青レベルの指揮者になるために必要な、レベルの高いパートナーを引き寄せられることです。

それでは、「ゼロの力」と「富の方程式」が、プロモーションと前の章で登場した「ミリオンダラーへの10ステップ」と、どう関係しているのかを理解しましょう。これは、登り始めるには欠かせない知識です。

ゼロの力

ミリオンダラーへの10ステップ（毎月の収支を倍々に増やすステップ）を、私がどうやって踏んだと思いますか？

その答えは「**ゼロの力**」にあります。今のあなたにとって、大金とはいくらくらいですか？　当時22歳だった私が、メンターから毎月１００ドル多く稼ぐように言われた時、「そんなことは簡単だ」と思いました。

しかし、その額が毎月10万ドルになると、「突拍子もないことを言う人だな」と思いました。ゼロがいくつあれば、大金でしょうか？

明日、あなたの銀行口座からお金が消えるとします。
あなたは、いくらだったら気づきますか？

私が7歳だった頃、毎週のお小遣いは50セントでした。

「お小遣いをためたら、ポールが誕生日にもらったような自転車を僕も買えるぞ」

そう思っていました。しかし、具体的に何カ月、何年かかるかは計算しませんでした。ひたすらお金をため、１カ月後にその額は２ドルになりました。５カ月後、10ドルたまりました。

ちょうどその頃、新しい家に引っ越し、その間に貯金箱をなくしてしまいました。貯金箱のお金がすべてなくなったのです！

胸が張り裂けるような出来事でした。当時の私にとって、10ドルには１００万ドルのような価値がありました。

それから10年以上が経過した頃、私はケンブリッジに住んでいました。学生でしたが、生まれて初めて小さな事業を立ち上げ、赤レベルにいました。

私にとって、10ドルはもう大金ではありませんでしたが、１００ドルは大金でした。10ドルは迷わず使いましたが、１００ドルを使う時は慎重になりました。それ以降、ウェルス灯台のレベルを１つ登るごとに、自分が大金と思う額にゼロを足しました。

オレンジレベルに達する頃には、１００ドルは、もう大金ではありませんでした。それよりも、大きなお金のフローがあったからです。しかし、1000ドルはリスクでした。

黄色レベルに達する頃には、1万ドルはもう大金ではありませんでした（チームでは日常的にその程度の金額が動いていました）。しかし、10万ドルを賭けることや、失うことには無理がありました。

要するに、私は今いるレベルを自然かつ自動的にクリアすることで、次のレベルで扱う金額に、ゼロを足す権利を獲得したのです。

プロモーションの規模とスピードを適切に保つことで、レベルを1つ上げるごとに、それまで大金と思えた額が、それほど大金には感じられなくなります。そして、それは自分に合ったペースで実行することもできます。

1000ドル規模のプロモーションさえ熟知していないのに、1万ドル規模のプロモーションをやろうとする人は実に多いのですが、それでは、スタートする時点で能力が不足しています。

基礎プリズムのプロモーションでは、あなたの時間と周波数を使って、人のフローにつながりますが、黄色レベルではプロモーションの規模が大きくなります。

なぜなら、黄色レベルのプロモーションでは、新たなフローの源を設計するからです（新商品を販売すること、新たにパートナーシップを結ぶこと、新しい市場に参入すること）。

各周波数の持ち主がそれをどうやって実行するのかを見ていく前に、企業プリズムをマスターするために必要な、最後のツールを紹介します。

それは、私が自分の初めてのプロモーションを通じて学んだこと、「富の方程式」です。

富の方程式という武器を手に入れろ

私が18歳、大学1年生の頃の話です。友達はみんなギリシャ旅行を計画していました。

ところが、私にはそれに必要なお金（800ドル）がありませんでした。

また、大学の教授からは、建築のポートフォリオの作品数を増やさないと落第する可能性があると言われたばかりでした。さらに、学期末に予定されていたボート部の合宿に、どうしても参加したいと思っていました。


もし働くとしたら、仕事をしながらどうやって作品を増やせるだろう？

合宿に参加するなら、お金を稼ぐ時間を作ることなんてできるんだろうか？


そんなふうに考えました。そしてある夜、頭の中であることがひらめきました。問題を別々に考えて、相反する疑問に答えようとするかわりに、問題を1つにまとめてみたらどうだろう？

作品を増やしながら、800ドルを稼ぎ、合宿に参加する時間を確保するにはどうすればいいか？

私は、この問いに答えるための計画を立て、1週間で400ドルを稼ぐことを目標にし、その経過を見ることにしました。400ドルという額は、当時友達がロンドンで夏休みのバイト期間中に稼いでいた金額です。そのお金を稼げれば、バイトしなくてもよくなります。

私はボート部の合宿に毎朝顔を出しましたが、実験の1週間のうち、最初の3日間は、そのすぐあとにケンブリッジの観光名所へ向かいました（キングス・カレッジ・チャペル、トリニティ・ゲート、セントジョンストリートなど）。

そして、その観光名所のスケッチをモノクロで描き、良質の紙で原画を複製し、スーパーで食品用のビニール袋を買い、その中に複製画を入れました。

4日目には、観光客が大勢行き交うスポットを見つけ、絵を並べ、こんな貼り紙をしました。数量限定。建築科の学生が描いたケンブリッジの風景。1枚6ドル。2枚10ドル。そして、売れるのを待つ間に、4枚目の原画を描きました。

なかなか売れず、昼までの売り上げはわずか40ドル。そこで、ある実験をすることにしました。自分の時間を15分刻みにして、売れた時と売れなかった時の違いを記録し始めました。

そうしてわかったのは、観光客のグループが立ち止まると、みんなが立ち止まり、絵を買う半面、足を止める人がいないと、１枚も売れない、ということでした。そのことに気づいた私は、あまり忙しくなさそうな人を見つけ、声をかけました。すると他の人も大勢立ち止まり、売り上げが倍になったのです。

１日目でわかったのは、子供に「お兄さんがスケッチするのを見てみたい？」とアプローチすると、その子供の家族全員が足を止めて、それまでよりも倍の時間その場にいたことです。売り上げは再び倍増しました。

１日目の最後には売り上げが２３０ドルになりました。翌日もこのプロセスを繰り返して、２日間で自分の作品集に５つのスケッチを追加し、４００ドル以上を稼ぐことができました。それは私の１週間の目標額でした。

２週目も同じようなことが起こるかどうか知りたくて、ワクワクしました。

しかし、２週目の半ばで売り上げが１日２００ドル強で停滞しました。それでも私は、ギリシャ旅行の費用を１週間で作り出し、ロンドンでバイトをしていた友達よりも多く稼いでいました。

何よりも刺激的だったのは、人とコミュニケーションをしただけで、フローがどう動き、どう変わるのかを自分の目で見て、その方法を学べたことでした。

そして、私は同じ労力で売り上げをさらに倍にする方法がないかを考えてみました。


そんな方法が実際にあったのです。

どんなプロモーションにも言えることですが、テストし、測定し、結果を目標と比べていると、偶然大きなチャンスが巡ってくることがよくあります。

2週目の午前11時頃のことです。街角に座りこんでスケッチを始めたところでした。そこへアメリカ人の夫婦が通りかかり、私たちは話し始めました。

私が男性に絵を勧めると、彼は私が描いている途中のスケッチを見て、言いました。「いや、私が買いたいのはそっちのほうだよ」

それはつまり原画のことで、私は笑いながら言いました。

「すみません。これは売り物ではないんです。この原画を複製して、それを売るんです。だから、これが必要なんです」

男性は言いました。

「ああもちろん、お金は払うよ。いくらかね？」

そこで私は考えました。その原画からとれる複製画の枚数をお金に換算すると、原画の価値は、数千ドルだ。でも、その原画の制作にかかった時間はたった1時間だから、それをもとに価格を決めることもできる。

そこでふと気づきました。原画を200ドルで売れば、今日はもう働かなくてもいいと。

「原画は200ドルです」

私はそう言いました。

「じゃあ、もらおう。でも、作品にサインを入れてくれないかな？」

そう言われて、作品の下のほうに「未完成の原画」と書き、サインしました。男性は200ドル払い、奥さんと一緒に歩き去りました。

私は無言で座りこみ、もらったお金を眺めました。そして、時計を見ました。午前11時15分。その日はまだ始まったばかりで、残りの時間で好きなことができたのです。

私は真っさらのスケッチブックを見て、自分がさっきまで描いていた風景を眺めました。そして、新しい紙を取り出し、同じ風景をスケッチし始めました。

その日の終わりまでには、新たな収入源になるスケッチを完成させ、さらに200ドルを稼ぎました。あのアメリカ人観光客からの200ドルと合わせると、1日の稼ぎは倍の400ドルになりました。

それ以降の毎日、最初の1時間で未完成の原画を描き、サインし、売り出すことを繰り返しました。ギリシャに向けて出発した頃には、予想もできなかったような金額を稼いでいました。稼いだ現金が詰まったリュックをさげた私を見て、友達は不思議に思ったようです。

それが可能だったのは、単に芸術的なスキルや、ちょっとした創意工夫のおかげではなく、幸運や好機が重なったからだ、と言うことはできます。

実際、それは観光地に住んでいなければ無理でした。また、人が購入したいと思うような絵を描けなければいけませんでした。

しかし、私が過去30年間にかかわったプロモーションというのは1つ残らず、なんらかの幸運が関係しています。プロモーションを計画する時は、一定の結果を達成できるよう行動の一切を計画すると同時に、魔法のようなことを起こし、幸運に恵まれる可能性も残しておくことをお勧めします。

このちょっとしたプロモーションを行ったことで、私は起業家精神に目覚め、将来のために種をまきました。

そして、結局何が成功だったかといえば、それは自分が始めたことではなく、そのプロセスで学んだこと、そして調整したことです。

特に「富の方程式」を理解できたことは、紛れもない成功でした。

この方程式は、私たちが（配管工のように）自分の周波数を使って、効果的にフローを操る方法を教えてくれます。そして、これは黄色へとレベルアップするには欠かせないものです。

富＝価値×レバレッジ

川をイメージしてください。高低差があるところに水は流れます。

同様に、お金も価値交換にもとづき、価値の差があるところに流れます。観光客が私の絵を６ドルで購入したのは、彼らが、その絵に私が設定した価格、またはそれ以上の価値があると思ったからです。

私は彼らのお金を手に入れ、彼らは私の絵を手に入れました。毎日、数兆ドル規模のお金がこんなふうに自然に流れています。

価値の差はお金のフローの速度を調整します。それは川の傾斜です。レバレッジは川幅であり、お金のフローの量を調整します。

私は原画を複製することで、価値にレバレッジをかけました。そして、同じ絵を２度、または何百回と売ることで、１枚の原画を描く労力で、はるかに大きな潜在的報酬を得ることができました。

これがレバレッジです。あのアメリカ人観光客は、私が1時間で描いた原画には、私がレバレッジをかけて1日で稼いだ額よりも高い価値があると考えました。

しかし、もし私が複製画をたくさん売っていなかったら、それだけのお金を払わなかったかもしれません。

レバレッジが新しい価値につながったのです。

価値とレバレッジの関係性を利用して、成功者たちは皆、フローをコントロールし、成長させます。

価値を創造し、それにレバレッジをかけるのです。より大きな価値を提供することを車の運転にたとえれば、アクセルを踏んで加速するようなものです。そして、価値にレバレッジをかけるのは、ギアを高速に入れるようなものです。

新たに価値を創造するか、新たにレバレッジを加えることで、いつでも収支を大きくできます。

価値を作る思考力とレバレッジをかける行動力

価値の2つの極は革新（ダイナモ）とタイミング（テンポ）

・ダイナモの人には「直感的」な思考力があり、革新することで最も効果的に価値を創造します。将来を見据えて物事を前進させます。ダイナモの人は、ウェルス灯台のどこにいても、創造的なルートでフローに到達します。

・テンポの人には「五感的」な思考力があり、タイミングを通じて価値を創造します。テンポは買い、売り、行動し、待つタイミングを知っています。テンポの人は、ウェルス灯台のどこにいても、五感的なルートでフローに到達します。

レバレッジの２つの極は増殖（スチール）と拡大（ブレイズ）

・スチールの人には「内向的」な行動力があり、「自分がいなくてもこれを可能にするにはどうすればいいか？」という問いに答え、増殖することでレバレッジを作り出します。スチールの人は、詳細に集中し、新しいシステムを構築することでフローを築き、ウェルス灯台のレベルを上げていきます。

・ブレイズの人には「外向的」な行動力があり、「自分がいないとこれができないようにするにはどうすればいいか?」という問いに答え、拡大することでレバレッジを作り出します。ブレイズの人は、人間関係を築いて、ウェルス灯台のレベルを上げていきます。

自分の周波数の才能に合う手法で、価値にパッケージを施し、価格を設定し、プロモーションを行い、価値を提示する方法がわかれば、自分のフローの蛇口を開ける力を手に入れることが可能です。

フローに精通する第一歩は、価値にパッケージを施し、それを新たな収入源とし、交換することで、フローをコントロールしたり、フローの向きを変えたりする方法を知ることです。それには自分の商品、サービス、取引、トレードを利用できます。お金はかかりません。

必要なのは、それを既存の知識、チャンス、フローと結びつけること、そして自分特有の独自性を通じて、価値を付加しながら、探究心を持ち、機転を利かせることに徹することです。

オレンジレベルから黄色レベルへの3つのステップ

これから3カ月以内に、あなたの銀行口座に1万ドルが振り込まれるようにするには、具体的にどんな行動を起こしますか？

もし、それがわからなければ、それは黄色レベルへの次の3つのステップを熟知していないということです。

あなたとあなたの市場とのつながりが弱いため、あなたは、自分がどんな価値を提供できるかを知りません。そして、その価値の価格設定の仕方や、市場で活躍する人々を引き寄せるだけの説得力があるプロモーションを通じて、市場に働きかける方法もわかっていないのです。

オレンジレベルでは、価値にレバレッジをかけて、収支を作り出すことが、あなたの雇用主任せになっています。そして、あなたは単に、バリュー・チェーン（価値連鎖）の一部にすぎません。

黄色レベルに到達するには、その連鎖を理解し、連鎖における自分の役割だけでなく、他の部分を組み合わせて持続可能な収支を作る方法も知らなければいけません。

オレンジレベルから黄色レベルへのステップは、次の3つです。

1. 独自性を明確にする

お金のフローシステムにあなたの場所を築くには、まず自分のポジションを選ぶことです。何の分野でナンバーワンになりますか？　何があなたの独自性ですか？

2. 市場を知る

自分の「独自性を明確にする」ことは、市場における自分のポジションを明確にすることです。その市場を代表するプレーヤーになるには、まず市場にいるプレーヤーと彼らの現在地、市場の規模や最新の動向に関する知識が必要です。

あなたにとって最も理想的な顧客とはどんな人ですか？　彼らのニーズ、そして夢はなんでしょうか？

3. 価値をお金にする

あなたの価値を市場に引き渡し、あなたのポケットにお金を入れてくれるプロモーションを企画、実行しましょう。説得力のある商品やサービスのオファーを提供しましょう。プロモーションが計画に沿って進んでいるかどうかを確認するために、毎日テストし、測定します。

どんな業界、どんなビジネスチャンス、どんな職業でも、成功するには異なる周波数の人が必要です。

オレンジレベルでは、自分の情熱にもとづいて業界やチャンスを選べば、自分の周波数を最大限に活かして、価値を提供できます。

しかし、次のレベルである、黄色レベルに達すると、自分を緑レベルへと押し上げてくれるフローの中にいる人たちとチームやパートナーシップを結ぶ必要が出てきます。

スチールの人がオレンジレベルを抜け出す道

ハッティー・ハサンは、イギリス北部に在住する配管工で、オレンジレベルで行き詰まっていました。女性の配管工だった彼女には、「日中は１人だから、男性の配管工を家に入れたくない」という女性顧客が大勢いました。

ところが、出会った当時、ハッティーは、仕事を探し求めて苦労していました。顧客開拓は容易ではなく、そのうえ、完璧主義者だった彼女には、自分の負担を軽くするために誰かを雇おうとは思えませんでした。

スチールの周波数を持つハッティーは、オレンジレベルから抜け出す道は、増殖すること、つまりライセンスとフランチャイズだと気づいていたようです。
しかしそれには、事業を効率化し、彼女が最も早くフローの中に入れるよう支援してくれるチームが必要でした。
物事を創造的に前進させてくれるダイナモの人、そして市場とつながるためにブレイズの人と組まなければいけません。そのため彼女は、次の3つのステップを踏み、オレンジレベルから黄色レベル、そして緑レベルまで到達しました。

スチールの人がオレンジレベルを抜け出すステップ1：独自性を明確にする

やってはいけないこと

分析することで、効率と売り上げを向上させようとして、詳細や指標に夢中になること。

やるべきこと

自分特有の立ち位置を重視し、知名度を上げたい分野に専念すること。また、自分の専門性を説得力のあるものにして、口コミで伝わるようにすること。

ハッティーはスチールの周波数の才能を使って、事業コストを下げることに専念し、より賢く、より良い方法を探しながら顧客をサポートしようとしました。

ところが、競争は激しく、いくら効率を上げ、価格を下げても、必ず彼女の上を行く人がいました。

スチールの人は、詳細や市場データに夢中になってしまいます。しかし、この時点では、それは重要ではありません。

肝心なのは、「どんな人になりたいか？」です。

ハッティーは配管工になった理由を教えてくれました。それは、何かが壊れるたびに、男性の職人を家の中に入れなければいけないことが嫌だったからでした。彼女は思いました。

「女性の配管工は、男性を超えることができないとしても、男性と同等の仕事はできる。この業界で女性が働くチャンスがあってもいいはず」

私のようなダイナモの人間と話すことで、ハッティーは「何ができるか」を考え、その逆、つまり「どうすればできるか」を考えることを一時休止しました。

彼女は本当に楽しみながらできることを考えました。そして、会社として女性を訓練し、プロの配管工として独立できるよう、支援することについて考えました。

そこで、自分の他に女性の配管工しかいない会社があるかどうか調べてみると、そんな会社が存在しないことがわかったので、女性の配管工の育成を中核事業にすることを決意しました。

このようなユニークな独自性を確立できれば、低価格以外のもので勝負できます。そうして、彼女はステップ2を踏みました。

スチールの人がオレンジレベルを抜け出すステップ2：市場を知る

やってはいけないこと

市場を広くカバーしようとするあまり、顧客との距離を作り、説得力を失うこと。

やるべきこと

スチールの周波数を使って、ニッチ市場を分析し、ブレイズの人の協力を得て、顧客やパートナーとつながること。それにより、顧客のニーズ、そして顧客が自分の商品やサービスに払ってもいいと思う価格を知ること。

「市場を知る」ことは、市場にいる人々がやっていることと、ターゲットの顧客が本当に求めているものを理解することです。

ハッティーは、何度かアンケートを実施しました。すると、女性だけの配管工事業者に仕事を頼みたいと思っている女性が大勢いることがわかりました。

同時に彼女は、配管工になりたいと思う女性を引き寄せました。顧客もみんな女性だったことが功を奏したようです。

ハッティーは気づきました。イギリス初の、女性だけの配管工事専門会社を創業した人物として世間に知られたいと。彼女は次の2つの要素を結びつけ、彼女の周波数に合うビジネスモデルを作りました。

完璧主義者のスタンダードで女性の配管工を訓練し、彼女たちが独立する際は、女性をターゲットにした自分のブランドを使えるようにしたのです。

問題は、いったんステップ1に戻り、この新しい事業の独自性を確立することでした。

当初、彼女は独自性を見つけるのに苦労しましたが、やがてインパクトの強い理想的なブランド名を考え出しました。

それはイギリスの配管部品名と、男性の身体の構造を指す俗語の両方の意味を持つブランド名、「Stopcocks」です。

スチールの人がオレンジレベルを抜け出すステップ3：価値をお金にする

やってはいけないこと

トンネルの向こうに光が見えないのに、日常の活動に没頭すること。

やるべきこと

プロセスに関する自分の知識や能力を利用して、収支を作り出せるよう、有益なプロモーションを企画し、明確なマイルストーンを設定すること。それと同時に、自分の価値を増殖できるシステムを開発すること。

オレンジレベルにいるスチールの人は、独自性と適切な市場を見つけても、プロモーションを企画できないことがよくあります。

ブレイズやダイナモの人がチャンスを追い求めることに夢中になり、テンポの人が活動に没頭するのに対し、スチールの人の場合、リスクを最小限に抑えようとする傾向が再び強まるからです。

ハッティーはその解決策として、スチールの周波数と自分のチームに合ったプロモーションを企画しました。

そのプロモーションの目標は、ハッティーが配管工として行っていたことをモデル化して、彼女から免許を受けた女性が同じことをできるよう、システムとプロセスを構築することでした。

ハッティーはさらに、自分を支えてくれるチームを結成しました。彼女のビジョンとブランディングに触発されて、才能のある女性が引き寄せられたのです。

事業から将来恩恵を受けられる女性配管工と顧客に思いを巡らせながら、彼女があらゆることをテストし、測定するにつれて、仕事は以前よりも楽になり、有意義になりました。

そして、ブランドとライセンスモデルが決まると、ますます多くのものが引き寄せられ、フローは成長していきました。

そして現在、彼女の会社はイギリス各地に女性配管工を抱えるまでになったのです。サービスの幅は広がっても、ハッティーが自分の独自性から外れることはありませんでした。

彼女は、ずっと理想として思い描いていた事業を手に入れ、しかも、自分のビジョンを継続的に成長させるための時間は劇的に増えていったのです。

ブレイズの人がオレンジレベルを抜け出す道

黄色レベルへと進む過程では、スチールの人が構造や明確性を重視するのに対し、ブレイズの人は人を重視します。

ベア・ベンコバに出会った当時、彼女はロンドンで女性のリーダーを指導していました。ロンドンに数多くいる他のコーチと同様、仕事を追い求めていました。クライアントのほとんどは口コミや紹介で、彼女は女性とかかわる仕事がしたいとはっきりわかっていましたが、具体的な自分の立ち位置と目標を実現できるような事業設計の方法は知りませんでした。

そこで、彼女と私は近い将来について一緒に考えました。私はこう尋ねました。

「今から5年後の自分をイメージしてください。あなたはこれからステージの上で1000人の観客に自分の成功について語ります。司会者があなたの略歴を手短に紹介します。略歴にはあなたが誰で、あなたの立ち位置が何で、あなたがこれまでに何を達成したかが含まれています。

今から5年後、それがどんな内容であってほしいと思いますか？　あなたの将来の独自性はなんでしょうか？」

ベアは「女性のリーダーシップの世界的動向の一端を担いたい」と答えました。しかし、課題があり、私は次のように指摘しました。

「現在のやり方では、あなたがなりたいと思っている自己像と、あなたが提供するサービスが1つにまとまってしまっており、個人のブランドと会社のブランドが混同されています。しかも、商品ブランドさえない状態です」

彼女には明確な目的地（まずは自分自身の独自性）が必要でした。

そして、その目的地は、クライアントが彼女と一緒にそこへ行きたいと思えるようなものでなければいけませんでした。

ブレイズの人がオレンジレベルを抜け出すステップ1：独自性を明確にする

やってはいけないこと

万人受けしようとすること。あらゆるビジネスチャンスに「イエス」と答え、出会う人

すべてに対応しようと思うこと。

やるべきこと

自分の独自性に当てはまるものと当てはまらないものをはっきりと主張すること。そうすれば、自分と同じ場所を目指している人が現れるようになり、自分の専門性を求めている人を紹介してもらえるようになるでしょう。

オレンジレベルでブレイズの人が万人受けしようとするのは、あらゆるものを提供する半面、これといった特徴のないレストランを経営するようなものです。

万人受けするのは（特定の立ち位置がなく、なんでもやることは）、間違ったやり方です。自分が従事する分野で口コミを得たいなら、的を絞ることです。

さて、ベアは独自性を明確にし、競争の激しいロンドン以外の場所で、女性のリーダーシップの代弁者となることに決めました。その場所とは、彼女の祖国、チェコ共和国でした。そこでなら自分の専門分野で頭角を現すことができると思いました。

そして、the Global Institute for Extraordinary Women（卓越した女性のための国際協会）を立ち上げ、フェミーナ・フュージョン資格認定プログラムをはじめとする、資格制度を開始しました。

ブレイズの人がオレンジレベルを抜け出すステップ２：市場を知る

やってはいけないこと

人との出会いによってやってくるチャンスを追求すること。他人の意図やニーズに振り回され、自分自身の（そして彼らの）明確なマイルストーンがない状態で行動すること。

やるべきこと

自分の顧客やパートナーを知り、彼らのニーズを満たすことにかけてナンバーワンになる方法を見つけること。そうすることで、自分の市場を戦略的に分割すること。

ブレイズの人がいったん独自性を明確にすると、あらゆる人にアプローチしたくなり、その結果「なんでもござれ」の罠にはまってしまいかねません。

炎のエネルギーを持つブレイズの人は走り回って、いろいろな場所に自分の焚き火を起こしたい衝動に駆られます。しかし、それは絶対にうまくいきませんし、その場所を１つに絞っても同様です。

そのかわりに自分の顧客やパートナーの役に立つ商品を作り、テストし、測定してくれるチームを結成しなければいけません。自分が外部からのフィードバックを得ている間に、チームは商品とシステムを完成させることができます。そして、その商品やシステムの質は自分が評価します。

ベアは市場に顧客のレベルが３つあることに気づきました。

まず、事業やキャリアをスタートさせるうえで必要な発想や人脈を得たいと思う女性、すでに成功しており、有意義な形で他のリーダーと団結したいと思う女性、そして、自分のネットワークがあるリーダーのうち、今よりもさらに大きなミッションの達成に向けて、パートナーシップを結びたいと思っている女性です。

市場について理解したベアは、彼女の初めてのプロモーションとして、協会を創立することを決意しました。

ブレイズの人がオレンジレベルを抜け出すステップ３：価値をお金にする

やってはいけないこと

自分と顧客が従えるような、明確なプロモーションの計画を立てず、単に一生懸命働き、

顧客開拓に専念すること。

やるべきこと

自分の一切の努力が、自分を前進させてくれる有益な活動に向けられるような計画を立て、行動の優先順位を決めること。

ブレイズの人は人間関係のスキルに長けていますが、ビジネスパートナーに何かを売り込むのはそれほど得意ではありません。

自分がほしいものや、必要とするものがわからないのです。だからこそ、自分の目標を明確にしなければいけません。

そして、潜在的なビジネスパートナーやチームメンバーに対して、相互協力し、プロモーションを実行する方法を具体的に説明できなければいけません。

つまり、問わなければいけないのは「何をすればいいか?」ではなく、「誰がどんな分野に適切な人材なのか?」「自分の周波数（才能）を生かせそうなアイデアを持っているのは誰か?」です。

新たなビジョンを作ったベアは、協会創立の当初にボランティアとして支援してくれるチームを引き寄せました。そして、自分の財務の飛行計画を作成し、自分自身と協会を支えられるだけのお金を生み出せるプロモーションを企画し、12カ月におよぶ「創立者の輪」に参加してくれる女性、12人に的を絞っていきました。

この創立者の輪を通じて参加者には、メンタリングを受け、人脈を広げ、協会創立当初に成功した女性としての地位を築くチャンスがありました。

ベアが知人の中でも信頼の厚かった人に電話でコンタクトを取ると、わずか数日間で定員が埋まりました。彼女は自分の価値を拡大することで資金を調達し、協会に光を当てるような彼女自身のストーリーを本にしたのです。ブレイズの人は自分自身を売り込むことは苦手ですが、自分が信じるものを売り込むのは得意です。協会はベアの信念になりました。

6カ月後、著書を片手にテレビや全国メディアに登場して全国的な広報活動を行うと、多くのインタビュー依頼が舞い込むようになりました。

さらにその3カ月後には、全国ネットのテレビ番組で首相を交えたパネルディスカッションに参加し、その後、彼女は継続的に協会を成長させ、次々にプロモーションを行っています。

チェコ共和国で灯した彼女の炎は、今世界へと広がりつつあります。

協会創立からわずか12カ月後、ベアはそれまで夢見ていた国際的なパートナーシップを結び始めました。

テンポの人がオレンジレベルを抜け出す道

我々の多くは、希望を抱いて自営業のネットワークに参加して、起業家の道を歩み始めます。

たとえば、不動産エージェントや保険代理店になったり、ハッティーの組織のようなフランチャイズやライセンスのネットワークに参加したり、ネットワーク・マーケティング組織に加入したりします。以上すべてのケースでは、成功はネットワークの中にはありません（ネットワーク上で多くの収入を得て成功している人はいます）。

成功できるかどうかは、オレンジレベルで仕事を追い求めているか、あるいは黄色レベルではっきりした独自性を持ち、仕事を引き寄せているかで決まります。

その独自性は自分の市場でトップになれるようなものでなければいけません。また、明確なプロモーションも必要です。

ケビン・ハリスとタムジン・ハリスのネットワーク・マーケティング、「ネットワーク

21」は南アフリカ共和国で最大規模、2万人を超えるディストリビューターを抱える事業です。

しかし、ネットワーク・マーケティングによくある課題が1つありました。それは、ディストリビューターの多くが、同じ顧客を狙って互いに競争していたことです。

当時、ケビンとタムジンは黄色レベルにいました。

緑レベルへと進むには、彼らの組織のチームリーダー陣が、それぞれのチームを黄色へと導くことが必要でした。しかし、リーダーが独自性を確立し、それで勝負するかわりに、顧客を追い求め、競争し合っていては、緑レベルへと進むことは不可能でした。

また、組織の中には自然と顧客を引き寄せ、急速にネットワークを広げている人がいる一方で、躍起になり、そのせいでチャンスを遠ざけている人もいました。どうすれば、効果的な「オレンジレベルから黄色レベル」思考にパッケージを施し、彼らの組織全体に提案できるでしょうか?

ケビンの周波数はブレイズ、タムジンの周波数はテンポでした。彼らは私と協力して、ミリオネア・マスタープランを組織にもたらしたいと私に相談を持ちかけました。その結果誕生したのが、「ネットワークダイナミクス」という教育プログラムです。これは彼らと私が、ケープタウンとヨハネスブルクの組織を対象に共同で実施したプロモーションで活用し、その過程には次の3つのステップがありました。

テンポの人がオレンジレベルを抜け出すステップ１：独自性を明確にする

やってはいけないこと

人の役に立つことに没頭すること。それと同時に、チームの助けを借りて一貫した計画を立てようとはせず、目の前にあることすべてを自分でやろうとすること。

やるべきこと

自分の立ち位置をはっきりさせること。また、人が信用とフローを築けるような場を具体的にイメージすること。

ベアの場合、女性のリーダーシップの分野は、彼女の周波数に合っていました。その分野の状態が春夏秋冬で言うと、季節が「夏」だからです（すでに女性のリーダーが誕生し、ネットワークができ、そのネットワークがちょうど広がろうとしている時期）。

一方、ネットワーク・マーケティングは「秋」に入っています（すでに人々がつながり、行動する前に、さらなる信用と裏付けを得たいと思っている時期）。

このためタムジンは、テンポの周波数の才能でリーダーシップを発揮しなければいけませんでした。
そして、それは今のやり方を180度変えることを意味しました。それまでケビンは、ブレイズの周波数の才能で指揮をとり、次のチャンスを追い、そのあとをタムジンが追いかけていました。

私たちは、2人のこの関係を転換させ、組織のモデルケースにしました。タムジンはテンポの周波数を利用して、地に足がついた組織を作れるよう、雰囲気作りや文化の形成に取り組みました。

一方、ケビンは組織に光を当てました。ダイナモの人が未来を重視することが多いのに対し、テンポの人は現在を重視します。

将来達成することよりも、今日を有意義に過ごすことのほうが重要なのです。そして、それが組織の新しい文化の独自性になりました。

ケビンとタムジンはリーダー陣を集め、共同体としてスケジュールに沿って、リズムを保ちながら物事を進める計画を立てました。

テンポの人がオレンジレベルを抜け出すステップ2：市場を知る

やってはいけないこと

市場データに夢中になることや、利益に直接つながらない活動を日常的に行わなければいけない市場モデルに従うこと。

やるべきこと

ターゲットの顧客像をしっかり持ち、取引の段階で秀でたサービスを提供しながら、利益を出すための具体的な方法を考えること。

タムジンとケビンは自分たちの組織のトップリーダーを特定し、彼らを集めて各自のビジョンについて話してもらいました。

その話を録音し、ビジョンを容易に理解してもらえるよう、「ザ・ネットワーク・エフェクト（ネットワークの効果）」というドキュメンタリーで紹介しました。そして、南アフリカ国内で最大の組織に目をつけ、「ネットワークダイナミクス」の試験的プログラムを実施し、10週間のコンテストをケープタウンで開催することを決定しました。

コンテストでは、8人のチームを形成し、各メンバーは10週間後に、次の5つの分野で達成したいことを決めました。

「Wealth（富）」、「Health（健康）」、「Excellence（強み）」、「Relationships（人間関係）」、

「**Environment**（**環境**）」

チームメンバーは毎週集まり、ケビンによる週次ミーティングに参加し、戦略を学び、成功例について話しました。

一方、タムジンは、リーダーシップを発揮して、計画に沿ってチームがリズムを保てるよう導きました。成功例や課題について毎週聞き込みを行い、協力できそうな人を引き合わせ、チームの成長を追ったのです。

このプログラムには当初１００人を超える人々が参加し、その数は毎週増え、一定のリズムがあったので、組織全体が活性化し、モチベーションも向上しました。

ディストリビューターは組織へ参加する具体的なメリットに注目し、自己変革と共同体として協力することに専念することで、プログラムに参加を希望する友人を引き寄せました。そして、その友人は実際に組織へ参加しました。

テンポの人がオレンジレベルを抜け出すステップ３：価値をお金にする

やってはいけないこと

自分が現在かかわっている活動と取り組んでいることに没頭すること。

やるべきこと

自分が期待している売り上げを基準にして物事を測定すること。

タムジンのようなテンポの人には、必ずやることのリストがあり、それに夢中になってしまいます。そして、最終的にリストに書いてあることをすべて実行しますが、お金は稼げません。

タムジンにとって「価値をお金にする」ことは、そのリストに背を向けて、プロモーションのあらゆる側面を測定すること、つまり次の問いに答えることでした。

「プロモーションから期待していた収入と結果が得られたか？　それとも行動の微調整が必要だったか？」

「最高の結果が得られていたか？　それともより良い結果を出すための手法自体を変える必要があったか？」

タムジンは10週間の試験プロジェクト中、組織に関して3つのことを測定しました。積極性（フィードバックや成功例を参考にして）、新たに追加されたもの（新規加入者数をもとにして）、そして全体的な販売高（商品購入数をもとにして）です。

タムジンが測定し始める以前、彼女とケビンは、毎月の成果をうまくコントロールできていないと感じていました。ただ忙しくして、毎月小切手を受け取るだけでした。

それが今では、基準やマイルストーンを自らコントロールするようになり、自分たちのモチベーションだけでなく、組織のリーダー陣のモチベーションも向上しました。

プログラムの期間中は、参加者全員が自分の周波数を事業で活かせるよう、次の3つの方法を学べるようにしました。自分自身を管理する方法、顧客を理解する方法、そしてチームにおけるリーダーシップ戦略を設計する方法です。

私はケビンとタムジンの依頼で、4つの周波数に適合し、ネットワーク効果（商品が口コミで広まり、組織が自然かつ急速に成長すること）を生み出す4つの戦略について、ビデオで説明しました。

それを見たチームは、行動を起こしました。

ブレイズの人は楽しい集まりを毎週開催しました。それがあまりにも楽しかったので、組織のディストリビューター全員が友人を招待するようになり、その友人はイベントに参加したことで組織に加入するようになりました。

スチールの人は、その反対のことをしました。ディストリビューターが、一対一の面談を毎日行えるようなシステムを構築したのです。

ダイナモのリーダーは、チームのためにクリエイティブなコンテンツを作ることで、他にはない組織を育てました。テンポのリーダーの組織は、それとはまったく違いました。創造することではなく、成功事例や口コミを重視し、「雲の中に頭を突っ込んでいる」というよりも「地面に耳をくっつけている」組織を育てました。

テンポの周波数のタムジンがごく自然に測定することで、ネットワーク21の売り上げと新規加入者数は倍以上増加、積極性も期待していたよりもはるかに向上しました（80パーセントを超えるコンテスト参加者が再参加を希望）。チームメンバー全員が目に見える成果を得て、オレンジレベルの典型的な「契約につなげる」思考から、黄色レベルの「チャンスをもたらす」思考へ視点を変えました。

ダイナモの人がオレンジレベルを抜け出す道

ダイナモの人が現在オレンジレベルで仕事をしていて、これからレベルアップしたいと思っている場合、どうすればいいでしょうか？

２０１１年、ヘザー・イェランドと出会った当時の彼女の状況についてお話ししましょう。彼女はそれまでオーストラリアを拠点にして、国際的に有名な講演者と契約し、企業のリーダーのメンタリングを行っていました。しかし、単独で何かを始める時期を迎えていました。

専門分野（企業のコンサルティング）で何かができると思いましたが、具体的なアイデアはありませんでした。メンタリングの早い段階で、私は彼女に尋ねました。

「もしお金のために働かなくてもいいとしたら、何をやりたいですか？」

彼女の答えに彼女自身も私もびっくりしました。

「これまでずっと、子供たちのために何かをしたいと思っていたんです」

ヘザーは、子供の教育に携わることを夢見ていましたが、こう思っていたようです。

「教育に携わりたいなら、時間をかけて集中的に取り組まなければいけない、だからもっとあとになってから考えよう」

私は彼女に尋ねました。

「現在のクライアントだけでなく、子供たちの人生も同時に変えることができるとしたらどう感じますか？」

彼女と私は、教育に携わるという当初のアイデアに、企業のリーダーと将来の世界のリーダー（私たちの子供たち）の両方を変えるメンタリングを行う、というアイデアを加えました。
次に必要だったのは、独自性です。彼女は顧客を開拓しようと自ら奔走するのをやめて、自分の独自性を軸にしてブランドを築き、顧客を引き寄せなければいけませんでした。

ダイナモの人がオレンジレベルを抜け出すステップ1：独自性を明確にする

やってはいけないこと

自分の最高のアイデアや個々のニーズに対応できる創造的なアイデアをもとにして、商品やサービスを創造し続けること。

やるべきこと

自分の事業、パートナーシップ、そしてプロモーションなど、一切が自分を中心に回るよう、はっきりした独自性を確立すること。

これから5年後のあなたをイメージしてみてください。あなたは成功しました。そして、誰かがウィキペディアにあなたのページを作成しました。最初の段落にどんなことが書いてあってほしいですか？

成功しているリーダーや起業家には必ず、自分の独自性や立ち位置を1段落にまとめた概要があります。成功するかなり前から、その内容がはっきりわかっています。自分の立ち位置を自覚するのは、サッカーのフィールドで自分のポジションを確立するようなものです。

ポジションを決めて、そこでプレイし、持ち場を離れず、チームメートが自分にパスを出したいと思えるようなプレイをします。行きたいところへ走って行くのではなく、フローの入り口になるのです。

1つのことを上手にやると決めれば、自分の勝利の方程式を利用することができます。さて、ヘザーは企業のクライアントの要望に応えられるよう、それまで直感的にやっていたことを私に説明してくれました。

彼女はそれをまだ商品ブランドとしては扱っていませんでしたが、各企業の核心となる部分を特定するために彼女がやっていたことには、明らかに段階的なプロセスがありました。

「企業文化が社員、パートナー、そして顧客に引き起こす感情（思考ではなく）は何か？」

ヘザーは、まずそれを細かく分類し、今度はそれを組織の中心から再構築しました。彼女と私は商品ブランド名を考えました。「エモーショナル・エンタープライズ」です。

ダイナモの人がオレンジレベルを抜け出すステップ2：市場を知る

やってはいけないこと

絶えず新しいことを始めて、買ってもらえることを期待しながら顧客のドアをたたき、顧客を追い求めること。

やるべきこと

自分がお手本にすることができ、自分の利益になるモデルがある人やパートナーとつながること。また、自分の顧客と顧客ではない人を見極めること。

「市場を知る」ことは、すでに市場にあるものを知り、新しいことを始めようとすることではありません。

それは、すでにフィールドにいる人と一緒にプレイすることです。仕事を追いかけながら自分の市場に精通しようとするのは、蝶を追いかけるようなものです。毎回1匹は捕まえられるかもしれませんが、次の日も蝶を追いかけなければなりません。

それよりも、毎日蝶が飛来するガーデンを作るほうがいいでしょう。その引力こそが、ダイナモのカギです。

ダイナモの人が集中すべきことは、生来の創造力を使って、ターゲットの顧客が現れた瞬間に、どうやって彼らの目の前に出て行くか、ということです。

この点についてリサーチしたヘザーは、エモーショナル・エンタープライズ事業では、大手企業に的を絞るべきだと気づきました。

では、彼女が支援したかった子供たちはどうなったのでしょうか？

ヘザーは、アメリカではかなり以前からある情操教育（創造力や好奇心を育むための教育）が、アジアとオーストラリアではまだ初期の段階にあることを知ります。

私は彼女に「スーパーキャンプ」プログラムの運営者である、ジョー・シャポンとボビィ・ディポーターと仕事をした経験を話しました。

このプログラムは、夏季に開催される情操教育関連のプログラムとしては世界でもトップレベルで、20年の歴史があります。

次のレベルへ進むうえで一番勉強になることは、往々にして、次のレベルにいる人と働き、彼らのモデルと市場に関する知識から学ぶことです。

ヘザーのケースでもそうでした。彼女はボビイから学びました。スーパーキャンプは10代の少年少女を対象にした、7日間と10日間のプログラムで、生活技能や加速学習スキルなどを身につけるための合宿です。

私たちがバリのグリーン・スクールでスーパーキャンプを開催し始めた当時、このプログラムは、オーストラリアではあまり知られていませんでした。

ヘザーはジョーにコンタクトを取り、オーストラリアでスーパーキャンプを盛り上げるためにパートナーシップを結びました。そして、ジョーとボビイが世界各国の１００万人以上の子供たちを対象に使用してきたツールや構造を利用しました。

ここまでくれば、必要なものはあと１つ。

オーストラリア市場に働きかける際に、ドアをたたいて回るよりも効果的な方法でした。ヘザーは次のように考えたのです。

「毎朝目が覚めると、子供にできる限りのことをしてやりたいと願い、オーストラリアのスーパーキャンプに子供を参加させたいと思うのはどんな親だろう？」

「そんな親はどこにいるだろう？」

「そんな親の目の前にいる人で、自分がパートナーを組めそうな人は誰だろう？」

「自分のメッセージを確実に親に届けるには、どんな方法が一番シンプルかつ簡単だろう？」と。

ダイナモの人がオレンジレベルを抜け出すステップ3：価値をお金にする

やってはいけないこと

単にドアを開けて、お金が向こうからやってくるのを期待すること。

やるべきこと

一定量の売り上げを、一定の時間で達成することを目標にして、プロモーションを企画すること。そのプロモーションでは毎日、仮説をテストし、測定して、利益を生む方法を学ぶこと。

ダイナモの人は、自分が着手したことを完結させないうちから、新しいことを始めたい衝動に必ず駆られます。

だからこそ、自分が精通するべき市場がわかっても、大抵「価値をお金にする」ことができません。特定のプロモーションに専念し、テストし、測定して、より賢い手法を見つけるよりも、走り回って、創造していたいのです。

しかし、プロモーションに専念すれば、期待していた結果が得られなくても、何が効果的で、何が非効果的なのかを学ぶことができます。

プロモーションを企画し、目的地を設定すると、その目的地へ行きたい人を引き寄せられます。報酬を得ながら共同体として結果を出したいと思う人を引き寄せ、支援を集めることができます。それが価値をお金にするカギです。

つまり、チームと協力して、事業を継続的に改善し、成長させられる時点までたどり着くこと、そして、やがてはより規模の大きいプロモーションを実施し、よりスケールの大きいパートナーと協力できるようになることです。

それが「プラスの収支がある」状態から「組織を支える市場のフローを作る」状態、さらに「組織を発展させるか、他の事業に移行する」状態へと変遷するうえで、最大のステップになります。

あらゆるものがどんなふうに結びついているのかがわかれば、フローを本当の意味でコントロールすることができます。それは、顧客が向こうからやってくることを期待して仕事をするのとは、かなり違う感じがします。

ヘザーは、すでにアメリカのスーパーキャンプとバリで私のチームが開催していたスーパーキャンプのプロモーションから学びました。

そして、親や生徒を通じて、奨学金のプロモーションを行い、それが口コミで広がりました。オーストラリアでは、教育の話題性が高かったので、スーパーキャンプを加速学習スキルの習得の場として確立しました。

すると、メディアから大きな反応があり、そのおかげで各種イベントや会議でスーパーキャンプについて話す機会を得ました。

結果、初回のスーパーキャンプへの登録者だけでなく、エモーショナル・エンタープライズのクライアントも引き寄せました。過去、彼女は、自分のミッションを追求しながらお金を稼ぐのは難しいと考えていました。

しかし、自分に正直になり、自分が信じるものや自分がもたらしたいプラスの影響のために立ち上がることで、顧客を引き寄せるほうが実は簡単だと気づいたのです。

顧客が増えたことで、スーパーキャンプの規模を拡大することも容易になりました。

彼女の企業ネットワークの中には、奨学金のスポンサーになってくれた会社もあります。ヘザーは詳細にとらわれたくなかったので、スーパーキャンプのモデルを維持しながら、それをオーストラリア市場に合うよう調整しました。

自分が必要とするチームの規模、損益分岐点、そして専念すべき活動と、そうでない活動も理解しました。

ヘザーは、オレンジレベルから黄色レベルへと進む人なら誰でも実行することを理解しています。それは、独自性を明確にし、市場を知ること。それにより、1人ですべてを抱え込まなくても、人とつながり、彼らに価値を提供し、彼らから学ぶ方法が、大抵見つかるということです。

あなたの価値は、他の誰かのレバレッジです。だからこそ、人と一緒にプレイする方法は必ずあるのです。

観客とプレーヤー

この本のタイトルは「才能は開ける」ですが、この本を手に取ったあなたの目標は本当は100万ドルを稼ぐことかもしれませんし、それとはまったく違う目標があるのかもしれません。

もしかすると、1ドルでも多く稼ごうとしてあくせくせずに、家族を支える今のキャリアや仕事で心の平和を得たい、ただそれだけかもしれません。あるいは、ただ安心感を手に入れたいだけかもしれません。

今の仕事に自分が依存していないこと、つまり、今の仕事なしでも経済的な問題は発生しない、という安心感です。

ウェルス灯台のレベルを上げていく際のポイントは、雇われているか、自営業か、会社を経営しているか、投資をしているか、裕福か貧乏か、そういった立場ではありません。**自分の立場を自分で選べること、そして、自分の将来の財務をコントロールできる能力がすべてです。**

黄色レベルに到達することとは、スタンドとフィールドを隔てる壁を踏み越え、これから真剣に試合に参加をする心の準備がある、ということです。

フィールドにいる間は、もうボールを追いかけ回す必要はありません。チームメンバーが他のポジションを守ってくれるからです。

その結果、以前ほど走り回る必要はなく、ゲームのフローの中に入り、自分が最も高い価値を提供できる場所へ移動することに時間をかけるようになります。そして、そのポジションへ移動すれば、ボールが回ってくることが増えます。

これを最も効果的に実行するには、ポジションを選び、トレーニングし、ゲームに出場し、観客とは次元が違うレベルの責任を持たなければいけません。

チケットと座席があるだけでは、もう成功することはできません。成功するには、ゲームで自分が担当する部分を熟知しなければいけません。

そして、そのためにはほとんどの人が学校で勉強したことの対極にある、3つの重要な訓練が必要です。

1．学びは行動によってもたらされる

知識があっても実行しないのは、まだ知識がないことと同じ。黄色レベルの学びは、本を読んでも、実行しなければ熟知できません。学びは行動がもたらすのです。学校では、常識ではなく学識を得ることが優先されます。

成功者になるには、生き抜くための実践的な知識が必要です。成功者が知識を得るには、行動しなければいけません。行動して、そこから学ぶのです。これこそ、本書が単なる本以上のものである理由です。

これは、適切なゲームを適正なルールを守ってプレイできるよう作成された、一連のプレイブックです。プレイブックは各レベルに対応しています。

2．学びはゲーム

学びは楽しくなければいけません。そして、ゲームのルールを知らなければいけません。自分にふさわしいゲームと効果的に学べるポジションを選ぶことが欠かせません。ゲームは自分の周波数に合う楽しいゲームで、楽しみながらプレイし続けることができるものでなければいけません。プレイすればするほど、ゲームの腕が上がるからです。

3. 成功は効果的に与えることによってもたらされる

得点はボールを持つことではなく、パスすることであげることができます。自分のアイデアやチャンスを人に伝えると、それが自分に返ってこないのではないかと心配する人は大変多いものです。

バスケットボールがいい例です。ボールが観客席に落ちたら、戻ってはきません。しかし、与えることに専念すれば、ボールがコートからなくなることはありません。非効果的な与え方とは、観客に向けてパスすることです。

効果的な与え方は、フィールドのプレーヤーにパスすることです。時には競争が起ることがあっても、ボールがなくなることはありません。パスしたボールは、やがて自分のもとへ戻ってくる、ということです。

黄色レベルへ進もうとする今こそ、効果的に与えることが大変重要になります。具体的には、人が自分にパスを出しやすく、自分自身も人にパスを出しやすいポジションにつくことです。そうすれば、チャンス、リソース、お金が人から人へとパスされ、フィールドにいる人全員が、何度もボールを受けることができます。みんな一緒に勝利できます。

これこそが、企業プリズムで経験できる充実感のあるフローの本質といえます。オレンジレベルにしがみつくのではなく、手放せば黄色レベルに到達できるのです。

第5章のまとめ

・あらゆるフローはプロジェクトとプロセスから構成される。プロジェクトがフローを成長させ、または強化する。プロセスがフローを維持する
・ウェルス灯台のレベルを上げるには、ゼロの力が必要。１つレベルを上げるごとに、お金の価値に対する感覚が変化する。一般的に、この変化は１桁単位で起こる。１０００ドルのプロモーションの仕方を熟知していないなら、無理をして、１万ドルのプロモーションを行わないようにする
・富の方程式：富＝価値 ×レバレッジ。価値の交換は、お金のフローの速度を調整する
・価値にレバレッジをかけると、お金のフローの量が増える
・黄色レベルへの３ステップ
ステップ１：独自性を明確にする
ステップ２：市場を知る
ステップ３：価値をお金にする

飛行前チェックリスト：黄色レベル

自分と市場との関係性と、自分のポジションが明確になれば、地図上の自分の現在地がわかります。以下のチェックリストに記入してください。「はい」か「いいえ」にチェックをつけてください。９つすべてにチェックがつけば、あなたは自分の情熱と目的を飛行計画に結びつけたことになります。

①独自性を明確にする

1．手本となる人に従い、理想的な独自性を確立するための明確な道がある。自分には現時点で表現できる、はっきりとした独自性がある。

□ **はい** □ **いいえ**

2．自分のニッチで、ある程度の評判を得ている能力がある。その分野で仕事やチャンスを引き寄せるリーダーとして知られている。

□ **はい** □ **いいえ**

3. 常に自分の独自性が市場と世界に明確に反映されるよう、行動し、メッセージを届け、マーケティングを行う。

□はい □いいえ

②市場を知る

1. 市場の規模を調べた。競争相手、自分特有の市場ポジション、そして現在と未来の自分の市場占有率がわかっている。

□はい □いいえ

2. 市場を分割し、さまざまな顧客のニーズに応じて時間と事業を設計している。

□はい □いいえ

3. 常に顧客、競争相手、市場の有力者の近くにいるためのシステムとリズムがある。

□はい □いいえ

③価値をお金にする

1. 事業の全プロセスを外部委託、または自動化したので、有益なプロモーションに専念できる。

□ **はい** □ **いいえ**

2. 毎月の損益予想と収支予想にもとづいた、プロモーションの年間スケジュールがある。

□ **はい** □ **いいえ**

3. プロモーション期間中は、毎週チームとパートナーが結果、テスト、測定のリズムを保てるよう調整した。

□ **はい** □ **いいえ**

アクションプラン

最高のプロモーションのＤＮＡ

どんなプロモーションにも共通する構造とデザイン原理があります。小売業者やサービス業者による小規模プロモーションから、ネットでのプロモーション、新商品のプロモーション、資産調達のためのプロモーション、数百万ドルの不動産プロモーションまで、あらゆるプロモーションに共通する原理とは、「黄金のステップ」です。

あなたのプロモーションプラン

タイトル：プロモーションのタイトルはなんですか？

（　　　　　　）

リーダー：プロモーションのリーダー兼責任者は誰ですか？

（　　　　　　）

①なぜ：目的

なぜ今、このプロモーションが重要なのでしょうか？　新商品の開発でしょうか？　事業に新システムを導入することでしょうか？　市場におけるブランドを構築することでしょうか？

②何：目標

主要な目標を3つの分野に絞りましょう。

・財務目標：具体的な収益目標と利益目標はなんですか？
・開発目標：このプロモーションを通じてもたらされる、継続的な収益源、新商品、システム、市場、またはチームはなんですか？
・学習目標：新たに学習できることや習得できる専門性は何ですか？

③誰：チームメンバー

各メンバーと責任範囲をリストアップしましょう。

④いつ：期間とマイルストーン

開始から終了までのマイルストーンと、それを達成するスケジュールを大まかに作成しましょう。開始日、終了日、毎週のチームミーティングの日時。

日付　　マイルストーン　　収益

1週目（　　　　　　　　　　　　　　　　）
2週目（　　　　　　　　　　　　　　　　）
3週目（　　　　　　　　　　　　　　　　）

⑤どうやって？：プロモーション戦略

・最高に魅力的なオファーはなんですか？
・市場（ターゲット）は誰ですか？
・プロモーションの予算はいくらですか？
・どんな問題を解決しますか？
・なぜ、その解決策が他の解決策よりも優れているのでしょうか？
・それを今すぐ購入したい、と思わせるものはなんでしょうか？
・購入しないことで発生する痛みはなんでしょうか？
・価格と特典はなんでしょうか？

⑥プロモーション：あなたの黄金のステップ

あらゆるプロモーションに共通するステップは7つあり、各ステップは測定、コントロール可能です。

1．人の心をつかむ魅力的なオファー
それはなんですか？　誰に届けますか？　いつ、どうやって？
（　　　　　　　　　　　　　　　　）

2．シンプルな登録方法：自動、測定可能、追跡可能
（　　　　　　　　　　　　　　　　）

3．確実に確認を取る：動機付け、早いレスポンス
（　　　　　　　　　　　　　　　　）

4．宿題準備：期待を膨らませる、詳細を明示する
（　　　　　　　　　　　　　　　　）

5. 商品提供：期待を超える、新たなオファーを提示する

（　　　　　　　　　　　　　　　　　　　　　）

6. フィードバック：実直な感想、数値化できる改善方法

（　　　　　　　　　　　　　　　　　　　　　）

7. 心のこもったお礼：プロモーションの終了、魔法のような幕引き

（　　　　　　　　　　　　　　　　　　　　　）

プロモーションの各ステップで使用するマーケティング資料、Eメール、プレゼン資料など、各種資料を用意し、のちのち参照できるようにしましょう。

各ステップにおけるチームのパフォーマンスを業界のベストプラクティス(最優良事例)や指標と比べることも必要です。各レベルの質と対話のフローを改善することで、それが黄金のステップの各ステップに与える次の影響を測定することができます。

・登録率（オファーを受けた人のうち、登録した人の割合）
・変換率（登録した人のうち、購入した人の割合）

・積極度（確認が取れた人、または取れそうな人の割合）
・受渡率（購入した人のうち、全商品または全サービスを受け取った人の割合）
・満足度（肯定的なフィードバックをした顧客の割合）
・再購入率（もう一度購入した人の割合）

おわりに　灯台

２０１０年、私たち家族は、カイトベイの要塞の最も高いところにある窓から、エジプトのアレクサンドリアの街を眺めました。

私は子供たちに、エメラルド・タブレットの話をしました。伝説によると、この碑文を書いたのはヘルメス・トリスメギストスです。

アリストテレスは、そのエメラルド・タブレットの言葉に秘められた力を自分の教え子のうち、１人に教えたそうです。その教え子とは、マケドニア国王の息子であり、のちのアレクサンダー大王になる人物でした。本物のエメラルド・タブレットは、アレクサンダー大王がエジプトで発見したといわれています。

その伝説によると、タブレットを発見したアレクサンダーはある夢を見たそうです。その夢の中で彼は、エジプトの地中海沿岸にあるファロス島へ行くようお告げを受けます。

アレクサンダーはファロス島へ赴き、エメラルド・タブレット発祥の地として、島付近の湾岸にアレクサンドリアの街を築きました。それから10年もしないうちに、アレクサンドリアは西洋から人が集まる街になりました。また、世界各国の巻物を所蔵したアレクサンドリア図書館、そしてエジプト最後のファラオ（古代エジプトの王の称号）であるクレオパトラの故郷がある場所として知られました。

アレクサンダーの死後、ファロス島にアレクサンドリアの大灯台が建設され、大灯台は、エメラルド・タブレットを反映して、3つのセクションに分割されました。そして、世界の七不思議の1つになり、長い間、ギザの大ピラミッドに次いで世界で2番目に高い建造物として知られていました。

私がこの話を子供たちに語った時に私たち家族が立っていた要塞は、アレクサンドリアの大灯台が崩壊したあと、1000年前にファロス島に建設されたものです。

崩壊する前の大灯台は、人類のシンボルであり、帰郷する人々の安全のシンボルであり、大海原に向かって出帆する人々の冒険のシンボルでした。また大灯台には、エメラルド・タブレット、この本、そしてウェルス灯台と同様、秘密がありました。ありふれた風景に隠された秘密です。

その秘密とは、私たちです。私たちが、灯台なのです。私たちの内には、全宇宙の力が秘められており、その力は解放される時を待っています。

その秘密は、灯台のレベルとその頂点へと続くステップの中にはありません。その秘密とは、人はみな光を作り出す、ということです。灯台の目的は、灯台自体ではなく、何か他のものを照らすことです。私たちは自分を輝かせることで、周りの人を輝かせる力を活用できます。

したがって、秘密はこの本の中にはありません。それは、あなたがあなたの周波数とつながり、フローに沿い、灯台を登り、世の中に還元することで世界を輝かせる時に起こることの中にあるのです。

忘れないでください。道に迷ったら、この本をまた読めばいいのです。ページに戻り、自分の現在地と目的地、そして次のステップを踏む方法を確認しましょう。

私たちは皆、同じ旅をしています。自分の道を照らす光を探す旅です。

しかし、その光が自分の内にあることに私たちは気づいていません。

私はあなた、そして自分のためにこの本を書きました。私たちは皆、同じ存在であると同時に、違う存在でもあります。私たちは同じ海岸に建つ灯台であり、一緒に世界を輝かせることができるのです。

謝辞

　本書を世に送り出すことができたのは、ひとえにすばらしい人々からの支援のおかげです。まず、妻であるレナータと子供たち（キャサリン、テレサ、ルーク）に感謝します。私たち家族は一緒にこの旅路を歩み始めました。この先も魔法のような出来事が待っていると思います。

　そして、両親（ジョーバとニール）と兄弟（イレーンとマーティン）に感謝します。ここまで私たちが来ることができたのは、共にワクワクし、冒険し、笑った経験があるからこそです。ありがとう。

　アントレプレナーインスティチュートのスーパーチーム（シャー・ハムザさん、ペニー・ウィーさん、スラージ・ナイクさん、サンドラ・マレルさん）、皆さんはすばらしいチームです。なんでも自然にやってのけます。シモーン・ホルトさんとアントレプレナーリゾートのチーム、ミッシェル・クラークさんとタレントダイナミクスのチーム、ジョー・シャポンさん、ボビイ・ディポーターさん、ヘザー・イェランドさんとグリーン・スーパーキャンプのチーム、そしてすべてのパートナーと会員の皆さん。ご支援と皆さんからのエネルギーに感謝いたします。ジョン・アボットさんとオーストラリアチーム、マイク・クラークさんとイギリスチーム、宇敷珠美さんと日本チーム、パクストン・スーさん、シーラ・ワンさんと台湾と中国チーム、ベア・ベンコバさん、ジャン・ポラックさんと東欧チーム、クリス・アットウッドさん、ジャネット・アットウッドさん、そしてアメリカの新しいパートナーの皆さん、一緒にこの旅路を歩めることに心から感謝いたします。皆さんは日々成長する波を作り出していています。

本書でご紹介したストーリーに登場する方々、皆様の旅路を私だけでなく、多くの読者の方々と共有いただき、ありがとうございます。そして、私のエージェントであるウェンディー・ケラーさん。私を信じてこのプロジェクトにご参加くださり本当にありがとうございます。そして、共著者であり、編集者のジム・エバーさん、心より感謝いたします。さらに、出版社とリック・ウォルフさん、出版にご協力いただきありがとうございます。アシェットのチームの方々、ダン・バーコウィッツさん、ヤスミン・マシューーさん、アマンダ・プリッツカーさん、トレーシー・ブリックマンさん、そして、すばらしいカバーをデザインしていただいたブリジッド・ピアソンさん、ありがとうございます。

私が歩む道に大きな影響を与えてくれたメンターの方々に感謝いたします。自分の可能性を最初に気づかせてくれたマイケル・ブラウンシュタインさん、ゴー・キム・シューさん、リチャード・タンさん、パトリック・リューーさん、マイク・ハリスさん、ポール・ダンさん、ジャック・キャンフィールドさん、リチャード・ブランソンさん、ピーター・ディアマンディスさん、ジョン・ハーディーさん、シンシア・ハーディーさん、皆さんのスタンダードについてご指導くださりありがとうございます。また、インスピレーションをありがとうございます。

そして、最後になりましたが、読者の皆さん、本書をお読みくださり、ありがとうございます。また、私と同じ道（継続的な自己発見と自己実現を通じて最高の灯台になることを目指す道）をお選びいただいたことに感謝いたします。

【監修者プロフィール】
宇敷珠美（うしき・たまみ）

マサチューセッツ大学ボストン校政治学部卒業。日本帰国後、アメリカ大学大学院日本校、インターナショナルスクールのディレクターなどを経て2002年に起業。シンガポールベースの国際イベント会社サクセスリソーシズ日本支社代表を務め、日本の起業家たちに、ロバート・キヨサキ、ブライアン・トレーシー、アンソニー・ロビンズなどの海外ビジネスセミナーを紹介、多くの優秀な人材を導いた先駆け的存在となる。
2006年ロジャー・ハミルトンに出会い、ウェルスダイナミクス理論の真理と機能性に感動、日本の人たちに知らしめることを使命とし、奔走する。現在、複数の会社を所有／経営するかたわら、今まで培ってきた知識とビジネス経験を元にパッションである「起業家支援」をますます加速させている。

http://jwda.org/

【翻訳者プロフィール】
アンジェラ・マイコ

英国の大学を卒業後、社内翻訳などを経て、フリーの翻訳者に。

編集協力／鹿野哲平
装丁／河南祐介（FANTAGRAPH）
本文フォーマットデザイン／二神さやか
DTP／野中賢（システムタンク）

【著者プロフィール】

ロジャー・ハミルトン（Roger Hamilton）

香港生まれ。ケンブリッジ大学のトリニティカレッジで学び、在学中に事業を興した。著者自身によると、起業家としての教育にかかった費用は大学教育にかかった費用よりもはるかに多く、失敗し、数百万ドルの損失を経て初めて成功することができた。

現在は出版、不動産、イベント運営、リゾート運営、研修、コーチング、メンタリング、オンライン教育の分野で事業を展開している。

これらすべての事業とコンテンツの背後には著者の「ワールド・ワイド・ウェルス（世界に行き渡る富）」のミッションがある。

クリントン・グローバル・イニシアティブ、国連グローバル・コンパクト、トランスフォメーショナル・リーダーシップカウンシルの会員として、過去10年間にわたり社会起業を世界的に盛り上げるために献身してきた。

シリコンバレーのNASA研究センターにあるシンギュラリティ大学のエグゼクティブプログラムの卒業生でもある。毎年「ファスト・フォワード・ユア・ビジネス（次のステージへの8つの道）」ツアーをオーストラリア、日本、中国、アフリカ、イングランド、アメリカで開催し、ビジネスに与える影響が大きい10のトレンドについてセミナーを行い、起業家が経済変化に対応できるよう指南し、ツールを提供している。

また、アントレプレナーインスティチュートの創立者であり、世界各国の15万人を超える起業家やリーダーに利用されているウェルスダイナミクスとタレントダイナミクスのプロファイリングシステムの考案者である。バリにある著者のリゾート、ビジョン・ビラは年間を通して「iLab」アクセラレータープログラムを開催するアジア初の起業家のためのリゾートである。1カ月にわたるプログラムでは、ビジネスオーナーが事業や就業場所を問わず、多言語かつ多角経営されるグローバル事業に変換できるよう支援している。

著者は現在、妻（レナータ）と3人の子供たち（キャサリン、テレサ、ルーク）とバリに在住している。

http://www.rogerjameshamilton.com

才能は開ける

2015年3月16日　初版発行
2021年1月30日　2刷発行

著　者　ロジャー・ハミルトン
監修者　宇敷珠美
発行者　太田　宏
発行所　フォレスト出版株式会社
〒162-0824 東京都新宿区揚場町2-18　白宝ビル5F
電話　03-5229-5750（営業）
03-5229-5757（編集）
URL　http://www.forestpub.co.jp

印刷・製本　中央精版印刷株式会社

ISBN978-4-89451-659-5　Printed in Japan
乱丁・落丁本はお取り替えいたします。